SHELLY KALDUNSKI

EISZEIT

ÜBER 50 REZEPTE FÜR EISCREME, FROZEN YOGURTS, SORBETS & TOPPINGS

südwest

Eis – einfach zum Dahinschmelzen …

Von der Tüte tropfendes Eis an einem heißen Sommertag, Eis am Stiel im Schwimmbad, ein Eisbecher in der Lieblingseisdiele mit ganz viel Schokoladensauce und Streuseln – fast jeder hat seine ganz besondere Kindheitserinnerung an Eiscreme. Und der eine oder andere erinnert sich vielleicht noch an ein gewisses Gefühl von Stolz, wenn man zu Hause zum allerersten Mal selbst Eiscreme zubereitet hat.

Heute stehen passionierten Eiscreme-Fans alle möglichen Utensilien, Maschinen und Zutaten zur Verfügung, mit deren Hilfe sich im Handumdrehen die tollsten Kreationen zaubern lassen. Sicher, man kann Eis auch fertig im Supermarkt kaufen, aber mal ehrlich, der Eisgenuss ist nicht derselbe!

Wer Eiscreme selbst herstellt, kann nach Lust und Laune mit Aromen und Konsistenzen experimentieren und ganz nach seinem persönlichen Geschmack bevorzugte Zutaten in der richtigen Qualität auswählen. Mit einer modernen Eismaschine muss man praktisch nur eine Grundmasse zubereiten und in der Maschine cremig gefrieren lassen. In der Zwischenzeit kann man sich bereits daran machen, Waffeln, Toppings und Garnierungen selbst zuzubereiten. Wie wäre es zum Beispiel mit einem saftigen Brownie als süßem Extra zu selbst gemachtem Karamelleis?

Auf den folgenden Seiten finden sich nicht nur Rezepte für Eiscreme, sondern auch raffinierte Ideen für andere Eisdesserts wie Softeis, Frozen Yogurt, Milchsorbet, Sorbet, Granita, Frozen Pops, Eis am Stiel und vieles mehr. Die Rezepte lassen dabei Spielraum für alle möglichen modernen Abwandlungen: Lavendelblüten, Zitronenschale, Kuchenstückchen oder zerbröselte Salzbrezel sind nur einige der Zutaten, mit denen experimentiert werden darf und soll. Ob klassisch, modern, als Milchshake, Eis am Stiel oder garniert mit allen möglichen Toppings – dieses Buch lässt alle Eisträume wahr werden!

Wer einmal den richtigen Dreh beim Eismachen heraus hat, darf sich durchaus in neue Gefilde vorwagen. Wie wäre es also mit einer Eis-Party? Ab Seite 98 finden Sie viele wunderbare Ideen, die Ihre Gäste dahinschmelzen werden lassen und die mit Sicherheit für viele Erinnerungen an schöne „Eis“-Erlebnisse sorgen werden.

EISSORTEN – EIN KURZER ÜBERBLICK

Für klassisches Cremeeis werden Eigelb, Sahne und Aromen zu einer Masse verschlagen und in einer Eismaschine cremig-fest gefroren. Milcheis enthält kein Eigelb, weshalb es weniger fett ist. Die leichtere Grundmasse eignet sich besonders für Fruchteis, da das Aroma der Früchte nicht übertüncht wird. Andere Eissorten, die unter anderem aus Emulgatoren wie Erdnussbutter bestehen, verzichten ebenso häufig auf Eigelb.

WAS IST DER UNTERSCHIED?

Die Verwendung oder der Verzicht auf Milchprodukte oder auch die Art des verwendeten Milchprodukts machen den Unterschied zwischen Sorbet und Milchsorbet oder Eiscreme und Softeis aus.

CREMEEIS Traditionelles Cremeeis besteht aus Milchprodukten (Sahne oder eine Mischung aus Milch und Sahne), Zucker (meist Kristall- oder brauner Zucker) und Aromastoffen (wie Schokolade, Früchte oder Nüsse). Meist – jedoch nicht immer – enthält Cremeeis auch Eigelb.

SOFTEIS Softeis wird meist aus Milch (statt Sahne) und Eigelb hergestellt. Es gibt aber auch Rezepturen mit Sahne und ohne Ei. Seine besonders weiche Konsistenz verdankt das Softeis weniger seinen Zutaten als vielmehr der Herstellung in besonderen Maschinen, die dem Eis weniger Luft hinzufügen und es bei höheren Temperaturen als Eismaschinen gefrieren lassen.

FROZEN YOGURT & MILCHSORBET Frozen Yogurt wird aus fettfreiem, fettreduziertem oder vollfettem Joghurt hergestellt. Cremiger wird der Yogurt mit griechischem Joghurt, der fett- und eiweißreicher ist. Milchsorbet besteht aus Fruchtpüree und Zucker, das mit einem Milchprodukt (Buttermilch oder Sahne) verrührt wird.

SORBET Sorbet wird üblicherweise aus Fruchtpüree, Wasser und Zucker in einer herkömmlichen Eismaschine hergestellt. Aufgrund der wenigen Zutaten sind Sorbets meist sehr intensiv im Geschmack.

GRANITA & WASSEREIS Die italienische Granita besteht aus Zuckersirup und Aroma, die in einer flachen Schale gefroren werden. Während des Gefrierens wird das Eis regelmäßig mit einer Gabel aufgelockert. Wassereis ist etwas feiner, beides kann man jedoch zu Frozen Pops oder Eiswürfeln gefrieren.

NEUE GESCHMACKSSORTEN

Jeden Sommer locken Eisdielen mit immer neuen, noch raffinierteren Geschmacksrichtungen: Avocado, Maracuja, Basilikum, Meersalz, Curry, Bier oder Tee sind längst keine Seltenheit mehr. Nicht weniger ausgefallen sind die Toppings wie etwa kandierter Ingwer und Nusskrokant.

EIS-ABC

Weil Eisdesserts nur aus ganz wenigen Zutaten bestehen, sollte man ganz besonders auf gute Qualität achten und nach Möglichkeit biologische Milchprodukte, saisonales Obst sowie hochwertige Gewürze und Liköre kaufen.

MILCH, SAHNE & EIER Für die Rezepte in diesem Buch ist das richtige Verhältnis von Vollmilch und Sahne für eine cremige, aber dennoch leichte Konsistenz wichtig. Manchmal sorgen auch Zutaten wie Crème fraîche oder Mascarpone für die Cremigkeit, sodass sich die Menge der benötigten Sahne verringert. Eigelb verleiht klassischem Cremeeis und Softeis zusätzliche Cremigkeit. Alle Rezepte in diesem Buch verwenden Eier der Größe L. Verzichten Sie auf extra große Eier, da diese deutlich größere Eigelbe haben, was sich negativ auf das Endergebnis auswirken kann.

OBST Frisches, saisonales Obst eignet sich hervorragend für Eiscreme, Softeis, Frozen Yogurt und Sorbet. Einige Früchte enthalten viel Wasser und können, wenn sie nicht vorher gekocht oder im Übermaß verwendet werden, das gefrorene Dessert zu stark gefrieren lassen. Wenn man die Früchte vorher kocht, verlieren sie an Wasser und gewinnen an Aroma. Auf diese Weise kann man auch noch nicht ganz reifes Obst verarbeiten. Sollten bestimmte Obstsorten gerade nicht Saison haben, eignet sich ungesüßtes Tiefkühlobst.

SCHOKOLADE, NÜSSE & ANDERE AROMEN Wählen Sie stets hochwertige Schokolade – sie wird beim Schmelzen cremiger als Billig-Schokolade und bekommt keine wachsähnliche Konsistenz. Kaufen Sie Nüsse im Ganzen und nicht abgepackt. Rösten oder mahlen Sie die Nüsse ein paar Stunden, bevor Sie mit der Zubereitung der Eiscreme beginnen. Achten Sie darauf, dass Vanilleschoten weich und biegsam und nicht steif und trocken sind. Für sämige Eiscreme mit mildem Aroma werden Zutaten wie Nüsse oder Kaffeebohnen zusammen mit Sahne (oder Milch) erhitzt und dann mithilfe eines Küchensiebs entfernt. Stückigere Zutaten werden oft erst nach dem Rühren in der Eismaschine untergehoben.

TOPPINGS Wer Toppings und Eistüten im Laden kauft, sollte auf gute Qualität achten. Köstliche, selbst gemachte Eiscreme verdient einfach hervorragende Toppings als Begleiter, auch wenn man diese nicht selbst zubereitet.

SÜSSUNGSMITTEL

In allen Rezepten in diesem Buch spielt Zucker in irgendeiner Form eine Rolle. Dabei kommt es auf die richtige Menge an: Zu viel kann den Gefriervorgang stören, sodass die Eiscreme zu weich und die Granita zu matschig wird.
Bei Cremeeis wird Zucker mit Eigelb aufgeschlagen und löst sich dann beim Erhitzen auf. Statt Kristallzucker wird manchmal brauner Zucker für ein stärkeres Aroma verwendet. Aromatisierter Zuckersirup ist die Grundlage für Granita und Wassereis. Bei Milchsorbets sorgt oft Glukosesirup für Cremigkeit und dient als Ersatz für Butterfett.

DAS RICHTIGE ZUBEHÖR

Eismaschinen gibt es in Hülle und Fülle. Die Wahl des richtigen Modells hängt vom eigenen Geldbeutel ab, von der Frage, wie häufig man gefrorene Desserts zubereiten möchte, und von der gewünschten Qualität und Quantität des Endprodukts. Die meisten Maschinen eignen sich auch zur Herstellung von Softeis, Frozen Yogurt und Sorbet.

MECHANISCHE EISMASCHINE Diese Art der Eismaschine besitzt eine Handkurbel, mit der eine Stahlkanne gedreht werden kann, die sich in einem Gefäß aus Holz befindet. Dem Raum zwischen Holzgefäß und Stahlkanne wird eine Mischung aus Eis und Steinsalz hinzugefügt – dann wird mit der Handkurbel für 20–40 Minuten gedreht. Vor allem für Kinder bedeutet diese Art der Eisherstellung jede Menge Spaß, da sie selbst Hand anlegen und das Ergebnis direkt verkosten können. Es gibt auch elektrische Modelle, die nach demselben Prinzip funktionieren.

ELEKTRISCHE EISMASCHINE Die einfachsten Modelle wiegen wenig und besitzen einen Behälter, der mindestens 24 Stunden vorgekühlt werden muss. Wer häufig Eiscreme zubereitet, sollte zwei Behälter besorgen, sodass immer ein Behälter griffbereit im Kühlschrank steht. Einige Küchenmaschinen verfügen ebenso über einen speziellen Eisspatel und eine tiefkühlgeeignete Rührschüssel. Teurere Eismaschinen enthalten eingebaute Kompressoren, sodass sie sofort und ununterbrochen einsatzbereit sind. Eine Temperaturkontrolle garantiert ein fein cremiges Endergebnis.

SOFTEISMASCHINE Der wichtigste Unterschied zwischen gewöhnlichem Cremeeis und Softeis ist die Art der Herstellung. Softeismaschinen frieren die Eismasse bei 10–20 Grad wärmeren Temperaturen als Eismaschinen. Sie fügen dem Eis während des Rührens auch weniger Luft hinzu, was ihm seine glatte, cremige Konsistenz verleiht. Im Gegensatz zu Cremeeis wird Softeis am besten direkt nach der Zubereitung in seinem cremigen Zustand serviert, man kann es aber auch in einem luftdichten Behälter bis zu 3 Tage tiefkühlen.

BEHÄLTER Damit gefrorene Desserts mehrere Tage ihr frisches Aroma bewahren, lagert man sie am besten in tiefkühlgeeigneten Behältern aus Glas.

EISPORTIONIERER

Eisportionierer gibt es in unterschiedlichsten Formen und Größen – klassische Metallportionierer, Portionierer mit Auswurffunktion oder Portionierer, deren Griff man mit Wasser befüllen kann, sodass sich das Eis leichter löst. Spezielle Spatel, wie sie in italienischen Eisdielen für Softeis verwendet werden, erhält man im Fachhandel. Mit ihnen lassen sich Eisdesserts ganz einfach auf einem Teller oder in einer Schüssel drapieren. Die Eisportionierer vor dem Portionieren immer kurz in kaltes Wasser tauchen.

SO WIRD'S GEMACHT

GRUNDMASSE Die Zubereitung von Eisdesserts ist nicht besonders aufwändig; trotzdem gilt es, ein paar Dinge zu beachten, damit Konsistenz und Geschmack auch wirklich zufriedenstellend sind. Bei vielen Rezepten steht am Beginn die Herstellung einer Grundmasse, z. B. aus Eigelb, Zucker und Milch (Englische Creme), oder einer Frucht-Zucker-Mischung. Die Masse muss danach sofort in einem Eisbad abgekühlt werden, damit die Eier nicht weiter kochen (bei Cremeeis) oder damit die Fruchtmischung nicht ihre Farbe und ihr frisches Aroma verliert (bei Sorbet oder Granita). Vor der Verarbeitung in der Eismaschine muss die abgekühlte Masse mindestens 4 Stunden im Kühlschrank vorgekühlt werden. Ist sie zu warm, wenn sie in die Eismaschine kommt, dauert es länger, bis sie cremig-fest friert, und es gelangt zu viel Luft dazu, was sich negativ auf Konsistenz und Aroma auswirkt.

EISMASCHINE In der Eismaschine wird die abgekühlte Grundmasse dann cremig fest gerührt. Je nach Hersteller und Modell dauert das 20–40 Minuten (genaue Anweisungen findet man in der jeweiligen Bedienungsanleitung). Danach kann man die gefrorene (aber noch streichfähige) Masse entweder sofort servieren oder noch mindestens 2 Stunden ins Eisfach geben, bis sie richtig fest ist.

Frische Früchte, Nüsse, Bonbons und viele andere Zutaten sorgen für ein wunderbares Aroma und eine schöne Konsistenz, jedoch sollten die Stückchen mundgerecht sein, da sie sonst das Gefrieren erschweren.

LAGERUNG Die frisch zubereitete Eiscreme oder Granita bewahrt man am besten in gefriergeeigneten Behältern auf. Dazu die Masse direkt mit Backpapier abdecken, damit sich keine Eiskristalle bilden, und im Tiefkühlschrank bis zu 3 Tage aufbewahren.

SERVIEREN Vor dem Servieren das sehr feste Eis etwa 20 Minuten im Kühlschrank antauen lassen. So lässt es sich leichter portionieren und kann sein Aroma besser entfalten. Granitas und Eiscreme schmecken am besten, wenn sie leicht geschmolzen sind, daher sollte man sie etwa 5 Minuten vor dem Servieren aus dem Kühlschrank nehmen. Ein Liter der meisten Eisdesserts ergibt etwa 6–8 Portionen, ein Liter Granita oder Wassereis etwa 4 Portionen. Damit sich das Dessert vor allem im Sommer länger kalt hält, kann man die Servierschüsseln etwa 1 Stunde im Eisschrank vorkühlen.

GEWUSST WIE

Wein, Likör und anderer Alkohol sorgen für ein kräftiges Aroma. Trotzdem sollte man sich stets an die Mengenangaben halten, da Alkohol den Gefriervorgang stören kann.

Selbst gemachte Mischungen

Eiscremmischungen selbst herzustellen ist kinderleicht. Der Fantasie sind dabei keine Grenzen gesetzt – ob salzig, süß, knusprig oder fruchtig. In jedem Vorratsschrank finden sich viele geeignete Zutaten. Man kann sie auf zwei Arten unter das Eis mischen: entweder mit einem Teigspatel unter die fertige Creme oder kurz vor Ende des Rührvorgangs in der Eismaschine. Wenn Sie Gäste eingeladen haben, lassen Sie diese doch selbst zur Tat schreiten und eigene Mischungen nach Lust und Laune zusammenstellen. Einige der folgenden Vorschläge eignen sich auch gut als Toppings.

SÜSS

Krokant

Süßigkeiten (Schokokugeln mit Malzfüllung, Lakritze, Gummibärchen)

Karamell-Popcorn

Müsli

Schokoladenstückchen

Zitrusschale

Cookies (zerbröselt oder für Eis-Sandwiches)

Getrocknete Früchte

Frisches Obst (Bananen, Steinobst)

Fruchtkonfitüre

Frische oder tiefgekühlte Beeren

Granola

Eingelegtes Obst (Zitronen, Feigen)

PIKANT

Speck (gebraten und zerbröselt)

Nussbutter

Ungesalzene oder gesalzene Nüsse (gehackt)

Popcorn

Kartoffelchips

Brezeln

Samen (Mohnsamen, Kürbiskerne, Sonnenblumenkerne)

SAUCEN, GEWÜRZE & MEHR

Likör (dunkel, sirupartig wie
Grand Marnier oder Kahlúa)

Gebrühter Kaffee oder Espresso

Gebrühter Tee

Balsamico-Essig

Gemahlener Zimt

Sahne (geschlagen oder flüssig)

Honig

Olivenöl

Meersalzflocken

Ahornsirup

Bunte Pfefferkörner

Scharfe Chilisauce

Einfache Ideen

Kuchenreste als Boden für einen Eisbecher verwenden oder als Topping zerkrümeln.

Crêpes mit Eiscreme füllen, aufrollen und mit Schokoladensauce beträufeln.

Für eine selbst gemachte schnell härtende Schokosauce 2 Teile Kokosöl und 3 Teile zartbittere Schokostückchen schmelzen.

CREMEEIS und SOFTEIS

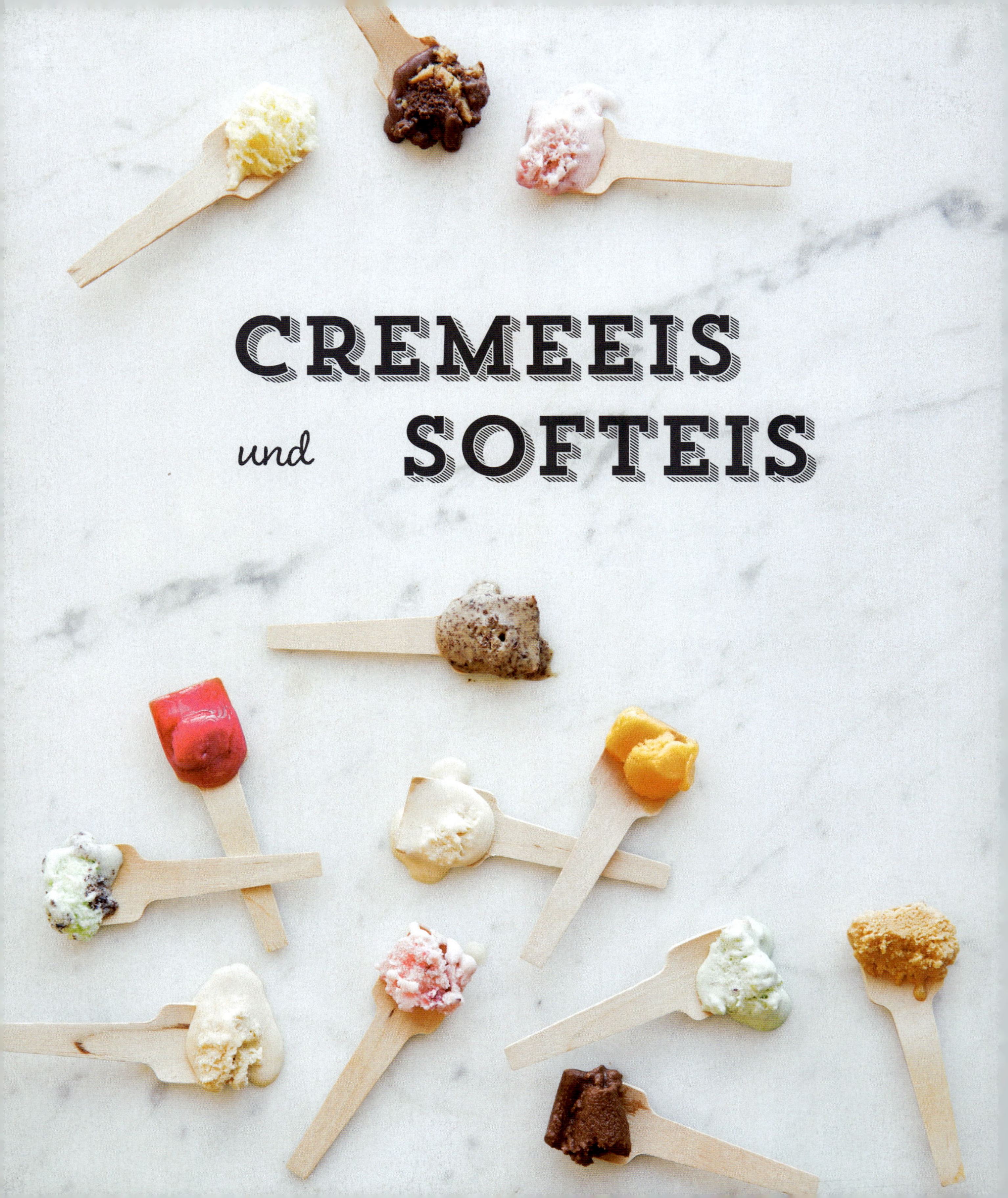

Diese Eiscreme erhält durch das leicht körnige Espressopulver den nötigen Biss. Wer es lieber ganz glatt mag, verwendet statt gemahlenem Kaffee 55 g ganze Kaffeebohnen und streicht die fertige Masse durch ein feines Sieb.

ESPRESSO-EIS

MIT SCHOKOFLOCKEN

430 g Sahne
375 ml Vollmilch
2 EL Espressopulver
4 Eigelb (Größe L)
125 g Zucker plus 2 EL
1 Messerspitze Salz

ERGIBT ETWA 1 LITER

Sahne, Milch und Espressopulver in einem schweren Kochtopf vermischen und bei mittlerer Temperatur unter gelegentlichem Umrühren etwa 5 Minuten erhitzen, bis die Mischung zu köcheln beginnt.

Inzwischen in einer hitzebeständigen Schüssel Eigelbe, Zucker und Salz etwa 2 Minuten kräftig mit einem Schneebesen aufschlagen, bis die Masse hellgelb und dickcremig wird.

Die Sahnemischung vom Herd nehmen. Unter ständigem Rühren etwa 250 g der warmen Sahnemischung langsam unter die Eimischung ziehen und glatt rühren. Danach die Masse zurück in den Kochtopf gießen und mit einem Holzkochlöffel bei mittlerer Temperatur 1–2 Minuten unter ständigem Rühren eindicken lassen, bis die Masse am Kochlöffel haften bleibt. Nicht aufkochen.

Währenddessen in einer großen Schüssel ein Eisbad vorbereiten und eine kleinere hitzebeständige Schüssel hineinsetzen. Die warme Masse durch ein feines Sieb in die kleinere Schüssel streichen, auskühlen lassen und dabei gelegentlich umrühren. Die Schüssel aus dem Eisbad nehmen und mit Frischhaltefolie abdecken. Mindestens 4 Stunden oder bis zu 3 Tage in den Kühlschrank stellen.

Die kalte Masse in eine Eismaschine füllen und laut Anweisungen des Herstellers cremig rühren. Die Eiscreme in einen gefriergeeigneten Behälter füllen und direkt mit Backpapier abdecken. Gut verschlossen mindestens 2 Stunden oder bis zu 3 Tage im Tiefkühler fest gefrieren lassen.

ESPRESSO-SCHOKO-EISCREME

Kurz vor Ende des Rührvorgangs 150 g fein geriebene Bitterschokolade unter die Masse heben.

Ein vollmundiges Eis mit dem intensiven Aroma frischer Erdbeeren und einem Hauch Zitrone. Die Erdbeeren werden nur zerdrückt und nicht püriert. So besticht die Creme zusätzlich durch ihre saftigen Erdbeerstückchen.

ERDBEEREIS

MIT BALSAMICO-ERDBEEREN

375 gErdbeeren, geputzt und halbiert

155 g Zucker plus 2 EL

2 TL frischer Zitronensaft

250 g Sahne

250 ml Mischung aus halb Sahne, halb Milch

3 Eigelb (Größe L)

1 Prise Salz

ERGIBT ETWA 1,5 LITER

Die Beeren in einer Schüssel mit 2 EL Zucker und dem Zitronensaft vermischen. Mit einer Gabel leicht zerdrücken. Zugedeckt etwa 1 Stunde ziehen lassen.

Sahne und Milch-Sahne-Mischung in einem schweren Kochtopf bei mittlerer Temperatur unter gelegentlichem Umrühren etwa 5 Minuten erhitzen, bis die Mischung zu köcheln beginnt. Währenddessen in einer hitzebeständigen Schüssel Eigelbe, den restlichen Zucker und Salz mit einem Schneebesen etwa 2 Minuten kräftig aufschlagen, bis die Masse hellgelb und dickcremig wird.

Vom Herd nehmen und vorsichtig etwa 250 g der warmen Sahnemischung unter die Eimischung heben und glatt rühren. Die Masse zurück in den Kochtopf gießen, dabei weiter umrühren und bei mittlerer Temperatur erhitzen. Mit einem Holzkochlöffel 1–2 Minuten unter ständigem Rühren eindicken lassen, bis die Masse am Kochlöffel haften bleibt. Nicht aufkochen.

Währenddessen in einer großen Schüssel ein Eisbad vorbereiten und eine kleinere hitzebeständige Schüssel hineinsetzen. Die Masse durch ein feines Sieb in die kleinere Schüssel streichen. Abkühlen lassen und dabei gelegentlich umrühren. Die Schüssel aus dem Eisbad nehmen, die Erdbeermischung unterheben und mit Frischhaltefolie abdecken. Mindestens 4 Stunden oder bis zu 1 Tag in den Kühlschrank stellen.

Die Masse in einer Eismaschine nach Angabe des Herstellers cremig rühren. In einen gefriergeeigneten Behälter füllen und direkt mit Backpapier abdecken. Fest verschlossen mindestens 2 Stunden oder bis zu 3 Tage im Tiefkühler gefrieren lassen.

BALSAMICO-ERDBEEREN

In einem kleinen Kochtopf je 2 EL Zucker und Balsamico-Essig verrühren. Bei mittlerer Temperatur unter gelegentlichem Umrühren erhitzen, bis sich der Zucker vollständig aufgelöst hat. Vom Herd nehmen und mit 250 g geputzten und halbierten Erdbeeren vermengen. Noch warm mit dem Erdbeereis servieren.

Frische Minze verleiht diesem Eis das gewisse Etwas. Fein geriebene Schokolade anstelle von großen, harten Schokoladenstückchen lässt das Eis nur so auf der Zunge zergehen.

FRISCHES MINZEIS MIT SCHOKOSPLITTERN

MIT SCHOKO-MALZ-KUGELN

430 g Sahne
375 ml Vollmilch
20 g frische Minzeblätter
4 Eigelb (Größe L)
170 g Zucker
1 Prise Salz
2 Tropfen grüne Lebensmittelfarbe (optional)
150 g Bitterschokolade, fein gerieben

ERGIBT ETWA 1 LITER

MINZEIS MIT SCHOKO-MALZ-KUGELN

4 Handvoll Schokokugeln mit Malzfüllung zerdrücken und unter die fertige Masse heben.

Sahne, Milch und Minzeblätter in einem schweren Kochtopf verrühren. Bei mittlerer Temperatur unter gelegentlichem Umrühren etwa 5 Minuten erhitzen, bis die Mischung zu köcheln beginnt. Währenddessen in einer hitzebeständigen Schüssel Eigelbe, Zucker und Salz etwa 2 Minuten kräftig mit dem Schneebesen aufschlagen, bis die Masse hellgelb und dickcremig wird.

Vom Herd nehmen und unter ständigem Rühren vorsichtig etwa 250 g der warmen Sahnemischung in die Eimischung gießen und glatt rühren. Unter ständigem Rühren zurück in den Kochtopf gießen und bei mittlerer Temperatur erhitzen. Mit einem Holzkochlöffel 1–2 Minuten weiterrühren und eindicken lassen, bis die Masse am Kochlöffel haften bleibt. Nicht aufkochen.

Währenddessen in einer großen Schüssel ein Eisbad vorbereiten und eine kleinere hitzebeständige Schüssel hineinsetzen. Die Masse durch ein feines Sieb in die kleinere Schüssel streichen. Abkühlen lassen und dabei gelegentlich umrühren. Die Schüssel aus dem Eisbad nehmen. Nach Belieben die Lebensmittelfarbe einrühren und mit Frischhaltefolie abdecken. Mindestens 4 Stunden oder bis zu 3 Tage in den Kühlschrank stellen.

Die kalte Masse in einer Eismaschine laut Angabe des Herstellers cremig rühren. Kurz vor Ende des Rührvorgangs die Schokoladenraspel unterheben. In einen gefriergeeigneten Behälter füllen und direkt mit Backpapier abdecken. Gut verschlossen mindestens 2 Stunden oder bis zu 3 Tage im Tiefkühler fest gefrieren lassen.

Vanilleschote und Vanillemark schenken dieser Eiscreme ihren herrlich intensiven Vanillegeschmack und ihr typisches Aussehen. Wer es einfacher mag, verwendet statt der Vanilleschote 1 EL hochwertiges Vanilleextrakt, das man vor dem Tiefkühlen unter die fertige Masse rührt.

VANILLEEIS

MIT LAVENDEL

500 ml Mischung aus halb Sahne, halb Milch

375 g Sahne

1 Vanilleschote, der Länge nach halbiert, Fruchtmark herausgeschabt

8 Eigelb (Größe L)

170 g Zucker

1 Messerspitze Salz

ERGIBT ETWA 1,5 LITER

LAVENDEL-VANILLE-EIS

Beim Erhitzen 2 EL getrockneten oder 3 EL frischen Küchenlavendel unterheben. Die fertige Masse durch ein feines Sieb streichen.

Milch-Sahne-Mischung, Sahne, Vanilleschote und Vanillemark in einem schweren Kochtopf verrühren. Bei mittlerer Temperatur unter gelegentlichem Umrühren etwa 5 Minuten erhitzen, bis die Mischung zu köcheln beginnt. Währenddessen Eigelbe, Zucker und Salz in einer hitzebeständigen Schüssel etwa 2 Minuten kräftig mit dem Schneebesen aufschlagen, bis die Masse hellgelb und dickcremig wird.

Die Mischung vom Herd nehmen. Unter ständigem Rühren vorsichtig etwa 250 g der warmen Sahnemischung unter die Eimischung heben und glatt rühren. Die Sahne-Ei-Mischung zurück in den Kochtopf gießen, dabei mit einem Holzkochlöffel weiterrühren und bei mittlerer Temperatur 1–2 Minuten erhitzen, bis sich die Mischung eindickt und am Kochlöffel haften bleibt. Nicht aufkochen.

Währenddessen in einer großen Schüssel ein Eisbad vorbereiten und eine kleinere hitzebeständige Schüssel hineinsetzen. Die warme Masse durch ein feines Sieb in die kleinere Schüssel streichen. Die Vanilleschote entfernen. Abkühlen lassen und dabei gelegentlich umrühren. Die Schüssel aus dem Eisbad nehmen und mit Frischhaltefolie abdecken. Mindestens 4 Stunden oder bis zu 3 Tage in den Kühlschrank stellen.

Die Masse in einer Eismaschine nach Angabe des Herstellers cremig rühren. Das Eis in einen gefriergeeigneten Behälter füllen und direkt mit Backpapier abdecken. Fest verschlossen mindestens 2 Stunden oder bis zu 3 Tage im Tiefkühler fest werden lassen.

Hochwertige Schokolade verleiht diesem Eis ein intensives Aroma und eine cremige Konsistenz. Verwenden Sie unbedingt eine Sorte mit 70 Prozent Kakaoanteil; je höher der Kakaogehalt, desto stärker der Geschmack. Schokolade niedriger Qualität hat einen wachsartigen Überzug und erreicht nie dieselbe Konsistenz.

VOLLMUNDIGES SCHOKOLADENEIS

MIT KAKAONIBS & SALZIGEM KARAMELL

Sahne und Milch in einem schweren Kochtopf verrühren. Bei mittlerer Temperatur etwa 5 Minuten unter gelegentlichem Umrühren erhitzen, bis die Mischung zu köcheln beginnt. Währenddessen in einer hitzebeständigen Schüssel Eigelbe, Zucker, Kakaopulver und Salz etwa 2 Minuten kräftig mit einem Schneebesen aufschlagen, bis die Masse dickcremig wird.

Vom Herd nehmen. Unter ständigem Rühren vorsichtig etwa 250 g der warmen Sahnemischung unter die Eimischung ziehen und glatt rühren. Die Ei-Sahne-Mischung zurück in den Kochtopf gießen und unter ständigem Rühren bei mittlerer Temperatur erhitzen. Die gehackte Schokolade und Vanille dazugeben und 1–2 Minuten mit einem Holzkochlöffel verrühren, bis die Schokolade geschmolzen ist und die Masse am Kochlöffel haften bleibt. Nicht aufkochen.

Währenddessen in einer großen Schüssel ein Eisbad vorbereiten und eine kleinere hitzebeständige Schüssel hineinsetzen. Die warme Masse durch ein feines Sieb in die kleinere Schüssel streichen. Abkühlen lassen und dabei gelegentlich umrühren. Die Schüssel aus dem Eisbad nehmen und mit Frischhaltefolie abdecken. Mindestens 4 Stunden oder bis zu 3 Tage in den Kühlschrank stellen.

Die kalte Masse in einer Eismaschine nach Angabe des Herstellers cremig rühren. Das Eis in einen gefriergeeigneten Behälter füllen und direkt mit Backpapier abdecken. Fest verschlossen mindestens 2 Stunden oder bis zu 3 Tage im Tiefkühler fest gefrieren lassen. Nach Belieben mit Meersalzflocken garnieren.

500 g Sahne

375 ml Vollmilch

7 Eigelb (Größe L)

170 g Zucker

20 g ungesüßtes Kakaopulver

1 Messerspitze Salz

210 g Bitterschokolade, fein gehackt

2 TL Vanilleextrakt

Meersalzflocken zum Servieren (optional)

ERGIBT ETWA 1,5 LITER

SCHOKOEIS MIT SALZIGEM KARAMELL

180 ml salzige Karamellsauce (Seite 90) bereit stellen. 150 g Kakaonibs kurz vor Ende des Rührvorgangs unterheben. Die Hälfte des Eises in den Behälter füllen, die Hälfte der Sauce darüberstreichen und mit sanften Bewegungen in Form einer Acht unter die Masse ziehen, bis große Schlieren entstehen. Mit der übrigen Masse und Sauce wiederholen.

Die Kombination aus ganzen Zimtstangen und gemahlenem Zimt macht dieses Eis, das wunderbar an selbst gemachte Plätzchen erinnert, noch aromatischer. Wer nur ganze Zimtstangen oder nur Zimtpulver hat, verwendet entweder 5 Zimtstangen oder ½ TL gemahlenen Zimt.

ZIMTEIS

AUF GETOASTETEM BRIOCHE

500 g Sahne
375 ml Vollmilch
4 Zimtstangen, in Stückchen gebrochen
1 Prise gemahlener Zimt
5 Eigelb (Größe L)
155 g brauner Zucker
1 Prise Salz

ERGIBT ETWA 1,5 LITER

Sahne, Milch, Zimtstangen und gemahlenen Zimt in einem schweren Kochtopf bei mittlerer Temperatur etwa 5 Minuten unter gelegentlichem Umrühren erhitzen, bis die Mischung zu köcheln beginnt. Währenddessen in einer hitzebeständigen Schüssel Eigelbe, braunen Zucker und Salz etwa 2 Minuten kräftig mit einem Schneebesen aufschlagen, bis die Masse hellgelb und dickcremig wird.

Vom Herd nehmen und unter ständigem Rühren vorsichtig etwa 250 g der warmen Sahnemischung unter die Eimischung heben und glatt rühren. Die Ei-Sahne-Mischung zurück in den Kochtopf gießen und unter ständigem Rühren mit einem Holzkochlöffel bei mittlerer Temperatur 1–2 Minuten erhitzen, bis die Masse am Kochlöffel haften bleibt. Nicht aufkochen.

Währenddessen in einer großen Schüssel ein Eisbad vorbereiten und eine kleinere hitzebeständige Schüssel hineinsetzen. Die warme Masse durch ein feines Sieb in die kleinere Schüssel streichen. Abkühlen lassen und dabei gelegentlich umrühren. Die Schüssel aus dem Eisbad nehmen und mit Frischhaltefolie abdecken. Mindestens 4 Stunden oder bis zu 3 Tage in den Kühlschrank stellen.

Die Masse in einer Eismaschine nach Angabe des Herstellers cremig gefrieren lassen. Das Eis in einen gefriergeeigneten Behälter füllen und direkt mit Backpapier abdecken. Fest verschlossen mindestens 2 Stunden oder bis zu 3 Tage in den Tiefkühler stellen.

ZIMTEIS-SANDWICHES

Brioche-Brötchen halbieren, die Schnittflächen mit Butter bestreichen und grillen, bis die Butter braun wird und sich die Ränder goldgelb verfärben.
Beide Seiten großzügig mit Zimt-Zucker bestreuen und mit Zimteis füllen.

Dieses Eis verwöhnt mit jeder Menge buttrig-süßem Karamellaroma. Für etwas Abwechslung sorgt die leicht salzige Note. Feines Meersalz ist wegen seines frischen Geschmacks, den kleinen Kristallen und weil es ganz ohne Zusatzstoffe auskommt, besonders gut geeignet.

SALZIGES KARAMELLEIS

AUF BROWNIES

330 g Zucker
4 EL gesalzene Butter
375 g Sahne
375 ml Milch
6 Eigelb (Größe L)
1 TL Vanilleextrakt
¾ TL feines Meersalz

ERGIBT ETWA 1 LITER

Den Zucker in einem schweren Kochtopf bei mittlerer Temperatur etwa 5 Minuten erhitzen, bis er zu schmelzen beginnt. Weitere 3 Minuten kochen lassen und immer wieder umrühren, bis der Zucker geschmolzen ist und eine goldgelbe Farbe annimmt. Unter ständigem Rühren vorsichtig Butter, Sahne und Milch untermischen. Die Hitze reduzieren und unter gelegentlichem Umrühren etwa 5 Minuten weiterkochen lassen, bis die Mischung vollständig geschmolzen ist und leicht zu köcheln beginnt.

Währenddessen in einer hitzebeständigen Schüssel Eigelbe, Vanille und Salz etwa 2 Minuten kräftig mit dem Schneebesen aufschlagen, bis die Masse hellgelb und dickcremig wird.

Vom Herd nehmen und unter ständigem Rühren vorsichtig etwa 250 g der warmen Sahnemischung unter die Eimischung ziehen und glatt rühren. Die Ei-Sahne-Mischung zurück in den Kochtopf gießen und unter ständigem Rühren mit einem Holzlöffel bei mittlerer Temperatur 1–2 Minuten erhitzen, bis die Masse am Kochlöffel haften bleibt. Nicht aufkochen.

Währenddessen in einer großen Schüssel ein Eisbad vorbereiten und eine kleinere hitzebeständige Schüssel hineinsetzen. Die warme Masse durch ein feines Sieb in die kleinere Schüssel streichen. Abkühlen lassen und dabei gelegentlich umrühren. Aus dem Eisbad nehmen und mit Frischhaltefolie abdecken. Mindestens 4 Stunden oder bis zu 3 Tage kalt stellen.

Die Masse in einer Eismaschine nach Angabe des Herstellers cremig gefrieren lassen. In einen gefriergeeigneten Behälter füllen und direkt mit Backpapier abdecken. Fest verschlossen mindestens 2 Stunden oder bis zu 3 Tage im Tiefkühler fest werden lassen.

KARAMELLEIS AUF BROWNIES

Saftige Brownies (Seite 85) in einer Schüssel anrichten, mit 1 Kugel Karamelleis garnieren und mit salziger Karamellsauce (Seite 90) beträufeln.

Eine klassische amerikanische Geschmackskombination hier als Eiscreme verpackt. Vorzugsweise verwendet man für dieses Rezept Erdnussbutter ohne künstliche Zusatzstoffe, da sie ein intensives Erdnussaroma besitzt und wenig oder kein Zucker zugesetzt ist. Vor dem Servieren gut umrühren, damit oben keine ölige Schicht zurückbleibt.

SCHOKO-ERDNUSSBUTTER-EIS

ALS EISBOMBEN

6 EL Butter, Zimmertemperatur

90 g Puderzucker

185 g grobe Erdnussbutter

3 EL Sahne

Vollmundiges Schokoladeneis (Seite 27)

ERGIBT ETWA 1,75 LITER

Butter, Puderzucker, Erdnussbutter und Sahne in einer Schüssel verrühren. Mit einem Handrührgerät auf mittlerer Stufe etwa 5 Minuten zu einer luftig-leichten Masse verrühren. Sofort weiterverarbeiten oder in einen luftdichten Behälter füllen und bis zu 3 Tage im Tiefkühler fest werden lassen. (Die tiefgefrorene Masse etwa 1 Stunde vor der Weiterverarbeitung antauen lassen.)

Die Eiscreme nach Vorschrift zubereiten. Nach dem Ende des Rührvorgangs die Hälfte der Masse in einen gefriergeeigneten Behälter füllen. Etwa die Hälfte der Erdnussbutter-Mischung darauf verteilen und vorsichtig mit kreisenden Handbewegungen in Form einer Acht unter die Eiscreme mischen. Die restliche Eiscreme und die restliche Erdnussbuttermischung ebenfalls darüber streichen und erneut wie zuvor verrühren. Direkt mit Backpapier abdecken. Fest verschlossen mindestens 2 Stunden oder bis zu 3 Tage im Tiefkühler gefrieren lassen.

SCHOKO-ERDNUSS-BUTTER-BOMBEN

Die Erdnussbutter-Mischung 20 Minuten anfrieren lassen. Mit einem kleinen Eisportionierer Kreise abstechen und auf ein mit Backpapier ausgelegtes Backblech geben. Mit einem großen Eisportionierer Kreise vom Schokoeis abstechen und um das Erdnusbuttereis drapieren Mit der flachen Seite nach unten gefrieren lassen und mit Salziger Karamellsauce (Seite 89) garnieren.

Dieses Eis verdankt sein intensives Aroma zwei verschiedenen Schokoladensorten sowie feurigen Chilischoten, die für einen unerwarteten geschmacklichen Kick sorgen. Abgerundet wird die feine Kreation durch Zimt und Sternanis. Brauner Zucker statt Kristallzucker macht das gesamte Aroma noch kräftiger.

SCHOKOLADENEIS MEXIKANISCH

- 430 g Sahne
- 375 ml Vollmilch
- 2 getrocknete rote Chilischoten, Stängel und Samen entfernt, oder 1 Messerspitze Cayennepfeffer
- 3 Zimtstangen
- 3 Sternanis
- 4 Eigelb (Größe L)
- 155 g brauner Zucker
- 2 TL Vanilleextrakt
- 1 Messerspitze Salz
- 120 g Bitterschokolade, fein gehackt
- 30 g ungesüßte Schokolade, fein gehackt

ERGIBT ETWA 1 LITER

Sahne, Milch, Chilischoten, Zimtstangen und Sternanis in einem schweren Kochtopf bei mittlerer Temperatur etwa 5 Minuten unter gelegentlichem Umrühren erhitzen, bis die Mischung leicht zu köcheln beginnt. Währenddessen Eigelbe, braunen Zucker, Vanille und Salz etwa 2 Minuten in einer hitzebeständigen Schüssel kräftig mit dem Schneebesen hell-schaumig aufschlagen, bis die Masse dickcremig wird.

Vom Herd nehmen und unter ständigem Rühren vorsichtig etwa 250 g der warmen Sahnemischung unter die Eimischung ziehen und glatt rühren. Die Ei-Sahne-Mischung zurück in den Kochtopf gießen und unter ständigem Rühren bei mittlerer Temperatur erhitzen. Beide Sorten Schokolade hinzufügen und 1–2 Minuten mit einem Holzkochlöffel weiterrühren, bis die Schokolade schmilzt und die Masse am Kochlöffel haften bleibt. Nicht aufkochen.

Währenddessen in einer großen Schüssel ein Eisbad vorbereiten und eine kleinere hitzebeständige Schüssel hineinsetzen. Die warme Masse durch ein feines Sieb in die kleinere Schüssel streichen. Abkühlen lassen und dabei gelegentlich umrühren. Die Schüssel aus dem Eisbad nehmen und mit Frischhaltefolie abdecken. Mindestens 4 Stunden oder bis zu 3 Tage in den Kühlschrank stellen.

Die Masse in einer Eismaschine nach Angabe des Herstellers cremig gefrieren lassen. Das Eis in einen gefriergeeigneten Behälter füllen und mit Backpapier abdecken. Fest verschlossen mindestens 2 Stunden oder bis zu 3 Tage im Tiefkühler fest werden lassen.

Jede Menge Eigelb und goldgelbes Olivenöl schenken diesem Eis seine wunderschöne hellgelbe Farbe. Die mit Sahne und Milch erhitzte Zitronenschale verleiht der Grundmasse einen süßen, vollen Geschmack und ein feines Aroma. Für ein zusätzliches Wow-Erlebnis sorgt seidiges Olivenöl.

OLIVENÖL-EIS MIT ZITRONENSCHALE

375 ml Vollmilch

310 g Sahne

geriebene Schale von 2 Bio-Zitronen

7 Eigelb (Größe L)

155 g Zucker

1 Prise Salz

80 ml Olivenöl (extra-vergine), plus etwas mehr zum Servieren

ERGIBT ETWA 1 LITER

Milch, Sahne und geriebene Zitronenschale in einem schweren Kochtopf bei mittlerer Temperatur etwa 5 Minuten unter gelegentlichem Umrühren erhitzen, bis die Mischung leicht zu köcheln beginnt. Währenddessen in einer hitzebeständigen Schüssel Eigelbe, Zucker und Salz etwa 2 Minuten kräftig mit einem Schneebesen aufschlagen, bis die Masse hellgelb und dickcremig wird.

Die Milchmischung vom Herd nehmen. Unter ständigem Rühren vorsichtig etwa 250 g der warmen Milchmischung unter die Eimischung ziehen und glatt rühren. Die Ei-Milchmischung zurück in den Kochtopf gießen und bei mittlerer Temperatur unter ständigem Rühren mit einem Holzkochlöffel 1–2 Minuten erhitzen, bis die Masse am Kochlöffel haften bleibt. Nicht aufkochen.

Währenddessen in einer großen Schüssel ein Eisbad vorbereiten und eine kleinere hitzebeständige Schüssel hineinsetzen. Die warme Masse durch ein feines Sieb in die kleinere Schüssel streichen. Abkühlen lassen und dabei gelegentlich umrühren. Die Schüssel aus dem Eisbad nehmen, das Olivenöl unterziehen und mit Frischhaltefolie abdecken. Mindestens 4 Stunden oder bis zu 3 Tage in den Kühlschrank stellen.

Die Masse in einer Eismaschine nach Angabe des Herstellers cremig rühren. Das Eis in einen gefriergeeigneten Behälter füllen und direkt mit Backpapier abdecken. Fest verschlossen mindestens 2 Stunden oder bis zu 3 Tage im Tiefkühler fest werden lassen. Vor dem Servieren mit Olivenöl beträufeln.

Ganze Kardamomkapseln und Orangenschale krönen diese fein würzige Eiscreme – der perfekte Ausklang für ein besonderes Abendessen. Weiterer Pluspunkt: Dieses Dessert lässt sich bereits Tage zuvor vorbereiten. Am besten mit kandierter Orangenschale garnieren.

ORANGEN-KARDAMOM-EIS

500 g Sahne

375 ml Vollmilch

2 EL Kardamomkapseln, geröstet (siehe unten) und mit einer schweren Pfanne zerkleinert

Geriebene Schale von 1 Bio-Orange

5 Eigelb (Größe L)

170 g Zucker

1 Messerspitze Salz

ERGIBT ETWA 1,5 LITER

Sahne, Milch, Kardamom und Orangenschale in einem schweren Kochtopf bei mittlerer Temperatur unter gelegentlichem Umrühren etwa 5 Minuten erhitzen, bis die Mischung zu köcheln beginnt. Währenddessen in einer hitzebeständigen Schüssel Eigelbe, Zucker und Salz kräftig mit dem Schneebesen etwa 2 Minuten zu einer hellgelben, dickcremigen Masse aufschlagen.

Vom Herd nehmen und unter ständigem Rühren vorsichtig etwa 250 ml der warmen Sahnemischung unter die Eimischung ziehen und glatt rühren. Die Ei-Sahne-Mischung zurück in den Kochtopf gießen und unter ständigem Rühren mit einem Holzlöffel 1–2 Minuten bei mittlerer Temperatur erhitzen, bis die Masse am Kochlöffel haften bleibt. Nicht aufkochen.

Währenddessen in einer großen Schüssel ein Eisbad vorbereiten und eine kleinere hitzebeständige Schüssel hineinsetzen. Die warme Masse durch ein feines Sieb in die kleinere Schüssel streichen. Abkühlen lassen und gelegentlich umrühren. Aus dem Eisbad nehmen und mit Frischhaltefolie abdecken. Mindestens 4 Stunden oder bis zu 3 Tage in den Kühlschrank stellen.

Die Masse in einer Eismaschine nach Angabe des Herstellers cremig rühren. In einen gefriergeeigneten Behälter füllen und direkt mit Backpapier abdecken. Fest verschlossen mindestens 2 Stunden oder bis zu 3 Tage im Tiefkühler fest werden lassen.

GERÖSTETE KARDAMOMKAPSELN: Wenn man die Kardamomkapseln vor dem Zerstoßen röstet, bekommen sie ein stärkeres Aroma. Dazu die Kapseln in einer Bratpfanne bei niedriger Temperatur etwa 2 Minuten anbräunen. Auf einen Teller geben und vollständig auskühlen lassen.

Der Geschmack von Ovomaltine weckt wunderbare Erinnerungen an die Kindheit. Da das Pulver bereits an sich sehr süß ist, benötigt man nur wenig Zucker.

OVOMALTINE-SCHOKOLADE-EIS

375 ml Vollmilch

375 g Sahne

45 g Ovomaltine

4 Eigelb (Größe L)

90 g Zucker

2 EL ungesüßtes Kakaopulver

1 Messerspitze Salz

150g Milchschokolade, fein gehackt

ERGIBT ETWA 1 LITER

Milch, Sahne und Ovomaltine in einem schweren Kochtopf bei mittlerer Temperatur etwa 5 Minuten unter gelegentlichem Umrühren erhitzen, bis die Mischung zu köcheln beginnt. Währenddessen in einer Schüssel Eigelbe, Zucker, Kakaopulver und Salz etwa 2 Minuten kräftig mit dem Schneebesen zu einer hellen und dickcremigen Masse aufschlagen.

Die Milchmischung vom Herd nehmen. Unter ständigem Rühren vorsichtig etwa 250 g der Milchmischung unter die Eimischung ziehen und glattrühren. Die Ei-Milchmischung zurück in den Kochtopf gießen und unter ständigem Rühren bei mittlerer Temperatur erhitzen. Die Schokolade unterheben und 1–2 Minuten mit einem Holzkochlöffel weiterrühren, bis die Schokolade vollständig geschmolzen ist und die Masse am Kochlöffel haften bleibt. Nicht aufkochen.

Währenddessen in einer großen Schüssel ein Eisbad vorbereiten und eine kleinere hitzebeständige Schüssel hineinsetzen. Die warme Masse durch ein feines Sieb in die kleinere Schüssel streichen. Abkühlen lassen und dabei gelegentlich umrühren. Die Schüssel aus dem Eisbad nehmen und mit Frischhaltefolie abdecken. Mindestens 4 Stunden oder bis zu 3 Tage im Kühlschrank kalt stellen.

Die Masse in einer Eismaschine nach Angabe des Herstellers cremig gefrieren lassen. In einen gefriergeeigneten Behälter füllen und direkt mit Backpapier abdecken. Fest verschlossen mindestens 2 Stunden oder bis zu 3 Tage im Tiefkühler fest werden lassen.

Pikant und süß treffen in dieser Erwachsenen-Version eines Klassikers aus der Kindheit aufeinander. Das Gelee wird nur leicht unter die Creme gehoben, denn die groben, fruchtig-süßen Streifen mildern das salzige Erdnussaroma. Gehackte Erdnüsse sorgen für den nötigen Biss.

ERDNUSSBUTTEREIS MIT GELEE

MIT SALZIGEM CRUNCH

375 g Sahne
375 ml Vollmilch
465 g gesalzene Erdnussbutter (fein)
180 ml Glukosesirup
90 g Zucker
1 Prise Salz
300 g Traubengelee (oder eine andere Sorte)

ERGIBT ETWA 1,5 LITER

Sahne, Milch, Erdnussbutter, Glukosesirup, Zucker und Salz in einer Schüssel verrühren. Zugedeckt mindestens 2 Stunden oder bis zu 1 Tag im Kühlschrank kalt stellen.

Die Erdnussbutter-Mischung in einer Eismaschine nach Angabe des Herstellers cremig gefrieren lassen. Nach dem Rühren die Hälfte der Masse in einen gefriergeeigneten Behälter füllen. Etwa die Hälfte des Weintraubengelees daraufgeben und vorsichtig mit kreisenden Handbewegungen in Form einer Acht unter die Eiscreme rühren. Die restliche Eiscreme und die restliche Konfitüre auf dieselbe Weise unter die Creme mischen.

Direkt mit Backpapier abdecken. Dicht verschlossen mindestens 2 Stunden oder bis zu 3 Tage im Tiefkühler fest werden lassen.

ERDNUSSBUTTEREIS & SALZIGER CRUNCH

10 Salzcracker zerbröseln. Nach dem Gefrieren in der Eismaschine die Cracker mit dem Weintraubengelee in zwei Durchgängen vorsichtig unterheben.

Das blumige Aroma von grünem Tee harmoniert wunderbar mit Bitterschokolade. Wer kein grünes Teepulver zur Hand hat, verwendet stattdessen 3 Teebeutel Grünen Tee. Milch-Sahne-Mischung und Sahne zum Köcheln bringen, vom Herd nehmen, die Teebeutel hineingeben und 5 Minuten ziehen lassen.

500 ml Mischung aus halb Sahne, halb Milch
375 g Sahne
1 EL Matchapulver
4 Eigelb (Größe L)
170 g Zucker
1 Prise Salz

ERGIBT ETWA 1 LITER

MATCHA-EIS

MIT SCHOKOSPÄNEN

Milch-Sahne-Mischung, Sahne und Matchapulver in einem schweren Kochtopf etwa 5 Minuten bei mittlerer Temperatur unter gelegentlichem Umrühren erhitzen, bis die Mischung zu köcheln beginnt. Währenddessen in einer hitzebeständigen Schüssel Eigelbe, Zucker und Salz kräftig etwa 2 Minuten mit dem Schneebesen aufschlagen, bis die Masse hellgelb und dickcremig wird.

Vom Herd nehmen und unter ständigem Rühren vorsichtig etwa 250 g der warmen Sahnemischung unter die Eimischung ziehen und glatt rühren. Die Ei-Sahne-Mischung zurück in den Kochtopf gießen und unter ständigem Rühren mit einem Holzlöffel bei mittlerer Temperatur 1–2 Minuten erhitzen, bis die Masse am Kochlöffel haften bleibt. Nicht aufkochen.

Währenddessen in einer großen Schüssel ein Eisbad vorbereiten und eine kleinere hitzebeständige Schüssel hineinsetzen. Die warme Masse durch ein feines Sieb in die kleinere Schüssel streichen. Abkühlen lassen und dabei gelegentlich umrühren. Die Schüssel aus dem Eisbad nehmen und mit Frischhaltefolie abdecken. Mindestens 4 Stunden oder bis zu 3 Tage in den Kühlschrank stellen.

Die Masse in einer Eismaschine nach Angabe des Herstellers cremig gefrieren lassen. Das Eis in einen gefriergeeigneten Behälter füllen und direkt mit Backpapier abdecken. Fest verschlossen mindestens 2 Stunden oder bis zu 3 Tage im Tiefkühler fest werden lassen.

MATCHAEIS MIT SCHOKOSPÄNEN

120 g gehackte Halbbitterschokolade schmelzen. Auf ein mit Backpapier ausgelegtes Backblech gießen und hauchdünn mit einer Palette glatt streichen. Etwa 10 Minuten im Kühlschrank kalt stellen. In mundgerechte Stücke brechen und kalt stellen. Kurz vor Ende des Rührvorgangs unter die Eiscreme heben.

Um die Pistazien zu rösten, diese auf einem Backblech im vorgeheizten Backofen (180 °C) etwa 10 Minuten bräunen.

PISTAZIEN-SOFTEIS

MIT HONIG-SWIRL

1,25 l Vollmilch

240 g ungesalzene, geschälte Pistazien, geröstet (siehe oben) und grob gehackt

10 Eigelb (Größe L)

375 g Zucker

1 Messerspitze Salz

1 TL Mandelextrakt

2–3 Tropfen grüne Lebensmittelfarbe (optional)

ERGIBT ETWA 1,5 LITER

Milch und Pistazien in einem schweren Kochtopf verrühren und bei mittlerer Temperatur unter gelegentlichem Umrühren etwa 5 Minuten erhitzen, bis die Mischung zu köcheln beginnt. Währenddessen in einer hitzebeständigen Schüssel Eigelbe, Zucker und Salz etwa 2 Minuten kräftig mit dem Schneebesen aufschlagen, bis die Masse hellgelb und dickcremig wird.

Die Milchmischung vom Herd nehmen. Etwa 250 g der warmen Milchmischung vorsichtig unter die Eimischung ziehen und glatt rühren. Die Ei-Milch-Mischung zurück in den Kochtopf gießen und bei mittlerer Temperatur unter ständigem Rühren mit einem Holzlöffel 1–2 Minuten erhitzen, bis die Masse am Kochlöffel haften bleibt. Nicht aufkochen.

Währenddessen in einer großen Schüssel ein Eisbad vorbereiten und eine kleinere hitzebeständige Schüssel hineinsetzen. Die Masse durch ein feines Sieb in die kleinere Schüssel streichen. Abkühlen lassen und dabei gelegentlich umrühren. Die Schüssel aus dem Eisbad nehmen. Mandelextrakt und nach Wunsch die Lebensmittelfarbe unterrühren und mit Frischhaltefolie abdecken. Mindestens 4 Stunden oder bis zu 3 Tage in den Kühlschrank stellen.

In einer Eismaschine laut Angabe des Herstellers cremig gefrieren lassen. Sofort servieren oder in einen gefriergeeigneten Behälter füllen, direkt mit Backpapier abdecken und fest verschlossen bis zu 3 Tage tiefkühlen.

PISTAZIEN-POPS: Mit einem Eisportionierer Kugeln abstechen und auf ein mit Backpapier ausgelegtes Backblech geben. Ein Eisstäbchen hineinstecken und die obere Hälfte in gehackten, gerösteten Pistazien wälzen. Gefrieren lassen.

PISTAZIENEIS MIT HONIG-SWIRL

275 g Blütenhonig bereitstellen. Ein Drittel der Eiscreme in den Behälter füllen. Ein Drittel Honig darauf verteilen und vorsichtig mit kreisenden Bewegungen in Form einer Acht unterrühren. Mit dem restlichen Eis und Honig in zwei Durchgängen wiederholen. Nicht zu stark verrühren.

Kaum zu glauben, aber dieses Eis ist tatsächlich vegan. Für den vollmundigen Geschmack sorgen hochwertige dunkle Schokolade und Kokosmilch. In der Eismaschine wird die Masse so herrlich cremig, dass man tatsächlich echtes Schlagobers als Zutat vermuten würde.

SCHOKOLADE-KOKOS-SOFTEIS

AUCH ALS EIS AM STIEL

225 g Zucker

250 ml Kokoswasser

1 EL ungesüßtes Kakaopulver

180 g Bitterschokolade, fein gehackt

500 ml Kokosmilch

1 EL dunkler Rum

1 Prise Salz

ERGIBT ETWA 1 LITER

Zucker, Kokoswasser und Kakaopulver in einem schweren Kochtopf bei mittlerer Temperatur unter gelegentlichem Umrühren erhitzen, bis sich der Zucker und das Kakaopulver sirupartig einkochen. Vom Herd nehmen und die Schokolade unterrühren, bis sie vollständig geschmolzen ist. Kokosmilch, Rum und Salz hinzufügen und gut verrühren. Auf Zimmertemperatur abkühlen lassen.

Die ausgekühlte Mischung mit einem Standmixer oder einer Küchenmaschine zu einer sehr glatten Masse verarbeiten. In eine Schüssel geben und zugedeckt mindestens 2 Stunden oder bis zu 1 Tag kalt stellen.

In einer Eismaschine nach Angabe des Herstellers cremig gefrieren lassen. Sofort servieren oder in einen gefriergeeigneten Behälter füllen, direkt mit Backpapier abdecken und fest verschlossen bis zu 3 Tage im Tiefkühler fest werden lassen.

SCHOKOLADE-KOKOS-POPS

Das Eis in Eisformen füllen und mindestens 2 Stunden oder bis zu 3 Tage gefrieren lassen. Die gefrorenen Riegel aus der Form lösen, die obere Hälfte in 240 g geschmolzene Bitterschokolade tunken und in 60 g Kokosraspeln wälzen.

Das intensive Kürbisaroma wird hier von einem Trio herbstlicher Gewürze begleitet. In Kombination mit einer Kugel Frischkäseeis (Seite 49) erinnert das Ergebnis an Kürbiskuchen. Für eine elegante Variante mit grob gehacktem kandiertem Ingwer statt Kürbiskernen garnieren.

300 g Kürbis (Hokkaido), in Würfel geschnitten

250 g Sahne

625 ml Mischung aus halb Sahne, halb Milch

6 Eigelbe (Größe L)

185 g brauner Zucker

½ TL gemahlener Zimt

½ TL gemahlener Ingwer

1 Prise frisch geriebene Muskatnuss

1 Messerspitze Salz

Würzige Kürbiskerne (Seite 94)

ERGIBT ETWA 1,5 LITER

KÜRBISEIS MIT WÜRZIGEN KÜRBISKERNEN

Den Kürbis in etwas Wasser etwa 20 Minuten weich dünsten und fein pürieren. Sahne und Milch-Sahne-Mischung in einem schweren Kochtopf bei mittlerer Temperatur etwa 5 Minuten unter gelegentlichem Umrühren erhitzen, bis die Mischung leicht zu köcheln beginnt. Währenddessen in einer hitzebeständigen Schüssel Eigelbe, Zucker, Zimt, Ingwer, Muskatnuss und Salz etwa 2 Minuten kräftig mit dem Schneebesen aufschlagen, bis die Masse hellgelb und dickcremig ist.

Die Kürbismischung vom Herd nehmen. Unter ständigem Rühren vorsichtig etwa 250 g der warmen Kürbismischung unter die Eimischung ziehen und glatt rühren. Die Ei-Kürbis-Mischung zurück in den Kochtopf geben und bei mittlerer Temperatur unter ständigem Rühren mit einem Holzkochlöffel erhitzen, bis die Masse am Kochlöffel haften bleibt. Nicht aufkochen.

Währenddessen in einer großen Schüssel ein Eisbad vorbereiten und eine kleinere hitzebeständige Schüssel hineinsetzen. Die warme Masse durch ein feines Sieb in die kleinere Schüssel streichen. Abkühlen lassen und dabei gelegentlich umrühren. Die Schüssel aus dem Eisbad nehmen und mit Frischhaltefolie abdecken. Mindestens 4 Stunden oder bis zu 3 Tage in den Kühlschrank stellen.

In einer Eismaschine nach Angabe des Herstellers cremig gefrieren lassen. Das Eis in einen gefriergeeigneten Behälter füllen und direkt mit Backpapier abdecken. Fest verschlossen mindestens 2 Stunden oder bis zu 3 Tage im Eisfach fest werden lassen.

Vor dem Servieren mit Würzigen Kürbiskernen garnieren.

Dieses Softeis verdankt sein vollmundiges Aroma dem hohen Fettanteil dem Mascarpone, der hier statt Eigelb verwendet wird. Die cremige, halbsüße Grundmasse bildet die perfekte Grundlage für das nussige Aroma dieses italienisch angehauchten Desserts.

MASCARPONE-HASELNUSS-SOFTEIS

150 g Haselnüsse
250 ml Vollmilch
250 g Sahne
170 g Zucker
375 g Mascarpone
½ TL Vanilleextrakt
1 Prise Salz

ERGIBT ETWA 1 LITER

Den Backofen auf 180 °C vorheizen. Die Haselnüsse auf einem Backblech mit Rand verteilen und etwa 10 Minuten bräunen, bis sie eine goldbraune Farbe annehmen. Nach der Hälfte der Backzeit das Blech um 180 Grad drehen. Die noch warmen Nüsse mit einem Küchentuch abreiben, um die Schale zu entfernen. Vollständig auskühlen lassen.

In einem Standmixer oder einer Küchenmaschine Haselnüsse, Milch, Sahne, Zucker, Mascarpone, Vanille und Salz zu einer glatten Masse verarbeiten. In eine Schüssel füllen und zugedeckt mindestens 2 Stunden oder bis zu 1 Tag in den Kühlschrank stellen.

In einer Eismaschine nach Angabe des Herstellers cremig gefrieren lassen. Sobald es das Aussehen von cremiger Schlagsahne hat, das Eis aus der Eismaschine nehmen, da der Mascarpone ausflocken kann, wenn er zu stark geschlagen wird. Sofort servieren oder in einen gefriergeeigneten Behälter füllen, direkt mit Backpapier abdecken und fest verschlossen bis zu 3 Tage im Tiefkühler fest werden lassen.

Weiße Schokolade ist sehr süß und daher der ideale Begleiter für säuerliches Obst und scharfe Saucen wie etwa ein Erdbeer-Topping (Seite 89). Da sie sehr schnell anbrennt, muss man besonders vorsichtig sein, wenn man die Schokolade unter die Eis-Grundmasse hebt!

WEISSES SCHOKOLADEN-SOFTEIS

MIT BREZELN

625 ml Vollmilch

5 Eigelb (Größe L)

155 g Zucker

½ TL Vanilleextrakt

1 Messerspitze Salz

220 g weiße Schokolade, fein gehackt

ERGIBT ETWA 1 LITER

Die Milch bei mittlerer Temperatur unter gelegentlichem Umrühren vorsichtig etwa 5 Minuten erhitzen, bis sie leicht zu köcheln beginnt. Währenddessen in einer hitzebeständigen Schüssel Eigelbe, Zucker, Vanille und Salz mit einem Schneebesen kräftig schlagen, bis die Masse hellgelb und dickcremig wird.

Die Milch vom Herd nehmen und unter ständigem Rühren vorsichtig etwa 250 ml warme Milch unter die Eimischung ziehen und glatt rühren. Die Ei-Milch-Mischung zurück in den Kochtopf gießen und unter ständigem Rühren bei mittlerer Temperatur erhitzen. Die weiße Schokolade hinzufügen und mit einem Holzkochlöffel 1–2 Minuten verrühren, bis die Schokolade vollständig geschmolzen und die Masse am Kochlöffel haften bleibt. Nicht aufkochen.

Währenddessen in einer großen Schüssel ein Eisbad vorbereiten und eine kleinere hitzebeständige Schüssel hineinsetzen. Die warme Masse durch ein feines Sieb in die kleinere Schüssel streichen. Abkühlen lassen und dabei gelegentlich umrühren. Die Schüssel aus dem Eisbad nehmen und mit Frischhaltefolie abdecken. Mindestens 4 Stunden oder bis zu 3 Tage in den Kühlschrank stellen.

Die Masse in einer Eismaschine nach Angabe des Herstellers cremig gefrieren lassen. Sofort servieren oder in einen gefriergeeigneten Behälter füllen, direkt mit Backpapier abdecken und fest verschlossen bis zu 3 Tage im Tiefkühler fest werden lassen.

WEISSES SCHOKOEIS MIT BREZELN

120 g zerbröselte Salzbrezel kurz vor Ende des Rührvorgangs unterheben.

Dieses Softeis erinnert an gefrorenen Käsekuchen und ist dabei äußerst vielseitig: ob solo, als Sandwich zwischen zwei Keksen oder mit feinen Extra-Zutaten – die Möglichkeiten sind unendlich. Besonders aromatisch dazu: Balsamico-Erdbeeren (Seite 23).

FRISCHKÄSE-SOFTEIS

AUF VOLLKORNBUTTERKEKS

225 g Zucker

560 ml Milch

180 ml Glukosesirup

900 g Frischkäse, in Stückchen geschnitten, Zimmertemperatur

2 TL Vanilleextrakt

½ TL Salz

ERGIBT ETWA 1 LITER

Zucker, Milch und Glukosesirup in einem schweren Kochtopf bei mittlerer Temperatur etwa 5 Minuten unter gelegentlichem Umrühren erhitzen, bis die Mischung leicht zu köcheln beginnt. Vom Herd nehmen und Frischkäse, Vanille und Salz unterheben. Die Masse abkühlen lassen und in einem Standmixer oder in einer Küchenmaschine zu einer glatten Masse verarbeiten. In eine Schüssel füllen und zugedeckt mindestens 2 Stunden oder bis zu 1 Tag in den Kühlschrank geben.

In einer Eismaschine nach Angabe des Herstellers cremig gefrieren lassen.

Sofort servieren oder in einen gefriergeeigneten Behälter füllen, direkt mit Backpapier abdecken und fest verschlossen bis zu 3 Tage im Tiefkühler fest werden lassen.

BUTTERKEKS-SANDWICH

Frischkäseeis zwischen zwei Stück Vollkornbutterkekse streichen und tiefkühlen.

FROZEN YOGHURTS

und

MILCHSORBETS

Hochwertiger Joghurt, verfeinert mit der richtigen Menge Süßstoff und Vanilleextrakt, bildet die Grundlage für diese sommerliche Erfrischung. Die Beeren werden nicht einfach nur auf der Masse verteilt, sondern zerdrückt und unter den ganzen Joghurt gerührt, sodass sie ihr fruchtiges Aroma voll entfalten können.

VANILLE-BEEREN-FROZEN-YOGURT

AUCH ALS EIS AM STIEL

- 1 kg Naturjoghurt (3,5 % Fett)
- 150 g Zucker, plus 2 EL
- 60 ml Glukosesirup
- 2 EL Vanilleextrakt
- 1 Prise Salz
- 60 g Himbeeren
- 60 g Heidelbeeren
- 60 g Brombeeren
- 1 TL frischer Zitronensaft

ERGIBT ETWA 1,5 LITER

Joghurt, 150 g Zucker, Glukosesirup, Vanille und Salz in einer Schüssel verrühren. Zugedeckt mindestens 2 Stunden oder bis zu 1 Tag im Kühlschrank sehr kalt werden lassen.

In einer zweiten Schüssel Himbeeren, Heidelbeeren, Brombeeren und Zitronensaft mit 2 EL Zucker vermischen. Die Beeren leicht mit einer Gabel zerdrücken, bis etwas Saft austritt. Zugedeckt bis zur weiteren Verwendung kühl stellen.

Die kalte Joghurtmischung in einer Eismaschine nach Angabe des Herstellers cremig rühren. Danach die Hälfte der Masse in einen gefriergeeigneten Behälter füllen. Etwa die Hälfte der Beerenmischung darauf verteilen und mit vorsichtigen Handbewegungen in Form einer Acht unter die Joghurtmasse heben.

Den restlichen Frozen Yogurt und danach die restliche Beerenmischung darauf verteilen und den Vorgang wiederholen.

Direkt mit Backpapier abdecken und gut verschlossen mindestens 2 Stunden oder bis zu 3 Tage im Tiefkühler fest werden lassen.

VANILLE-BEEREN-EIS AM STIEL

Den fertigen Frozen Yogurt in Eisformen füllen und jeweils etwas Beerenmischung unterrühren. Mindestens 4 Stunden oder bis zu 3 Tage im Tiefkühler fest werden lassen.

Bananen als Zutat für Eisdesserts sind köstlich, aber sie haben durchaus ihre Macken, weil man sie schnell verarbeiten muss, bevor sie braun werden. Der goldgelbe Ahornsirup bereichert bei diesem Rezept das Aroma zusätzlich.

WALNUSS-BANANEN-FROZEN-YOGURT

450 g reife Bananen, geschält

500 g griechischer Joghurt

345 g Ahornsirup, vorzugsweise Grad A

125 g Sahne

2 TL frischer Zitronensaft

1 Prise Salz

ERGIBT ETWA 1 LITER

Bananen, Joghurt, Ahornsirup, Sahne, Zitronensaft und Salz in einem Standmixer oder in der Küchenmaschine zu einer glatten Masse verarbeiten und in eine Schüssel füllen.

Die Schüssel in ein Eisbad setzen und etwa 20 Minuten unter gelegentlichem Umrühren kräftig abkühlen lassen. Die Masse muss gut gekühlt sein, damit sie ihre Farbe nicht verliert.

Die kalte Masse in einer Eismaschine gemäß Angabe des Herstellers cremig gefrieren lassen und in einen gefriergeeigneten Behälter füllen. Direkt mit Backpapier abdecken und fest verschlossen mindestens 2 Stunden oder bis zu 3 Tage im Tiefkühler fest werden lassen.

Leicht herber Joghurt, blumiger Honig und knusprige Mohnsamen geben sich bei diesem einfach zubereiteten Frozen Yogurt ein Stelldichein. Ein Hauch Sahne verleiht der Grundmasse die nötige Schwere, geriebene Zitronenschale und eine 1 Prise Salz bringen die anderen dezenten Zutaten gebührend zum Vorschein.

HONIG-FROZEN-YOGURT

MIT MOHNSAMEN

750 g Naturjoghurt (3,5 % Fett)

250 g Sahne

275 g Blüten- oder Kleehonig

geriebene Schale von 1 Bio- Zitrone

1 Prise Salz

ERGIBT ETWA 1 LITER

Joghurt, Sahne, Honig, Zitronenschale und Salz in einer Schüssel glatt verrühren. Zugedeckt mindestens 2 Stunden oder bis zu 1 Tag im Kühlschrank vorkühlen.

Die kalte Joghurtmischung in einer Eismaschine gemäß Angabe des Herstellers cremig rühren. In einen gefriergeeigneten Behälter füllen, direkt mit Backpapier abdecken und fest verschlossen mindestens 2 Stunden oder bis zu 3 Tage im Tiefkühler fest werden lassen.

HONIG-MOHN-FROZEN-YOGURT

Vor dem Einkühlen im Kühlschrank 1 EL Mohnsamen unter die Joghurtmischung rühren oder vor dem Servieren 1 EL Mohnsamen darüberstreuen.

Die Zubereitung von Dulce de leche, wörtlich „Milchkonfitüre“, erfordert etwas Zeit, aber sie ist den Aufwand auf alle Fälle wert. Wenn die süße Milch im Ofen karamellisiert, bekommt sie die Konsistenz von weichem Karamell. In Kombination mit dem herben Frozen Yogurt ergibt das ein Dessert zum Dahinschmelzen. Nach Belieben mit karamellisiertem Popcorn oder karamellisierten Nüssen garnieren.

FROZEN YOGURT MIT DULCE DE LECHE

875 ml gesüßte Kondensmilch

1 Messerspitze Salz

500 g griechischer Joghurt

250 g Sahne

125 ml Vollmilch

1 TL Vanilleextrakt

ERGIBT ETWA 1 LITER

Für die Karamellcreme den Backofen auf 200 °C vorheizen. In einer Auflaufform (1 Liter Fassungsvermögen) Kondensmilch und Salz verrühren. Die Form mit Alufolie abdecken und in eine größere Backform geben. In den Backofen stellen und vorsichtig heißes Wasser in die größere Form gießen, bis der Wasserstand etwa auf halber Höhe der kleineren Form ist. 1½ bis 2 Stunden backen, bis ein dicker, honigfarbener Karamell entsteht. Vollständig auskühlen lassen. Am Ende sollten etwa 500 ml verbleiben. Die Hälfte des Karamells zugedeckt im Kühlschrank kalt stellen.

Joghurt, Sahne, Milch, Vanille und den gekühlten Karamell glatt rühren und zugedeckt mindestens 2 Stunden oder bis zu 1 Tag im Kühlschrank sehr kalt werden lassen.

Die kalte Joghurtmischung in einer Eismaschine nach Angabe des Herstellers cremig rühren. Danach die Hälfte der Masse in einen gefriergeeigneten Behälter füllen. Etwa die Hälfte des restlichen Karamells über der Masse verteilen und mit kreisenden Handbewegungen in Form einer Acht vorsichtig unter den Joghurt heben. Den Vorgang mit dem restlichen Karamell wiederholen.

Direkt mit Backpapier abdecken und gut verschlossen mindestens 2 Stunden oder bis zu 3 Tage im Tiefkühler fest werden lassen.

Milchsorbet besteht üblicherweise aus Fruchtpüree, das mit Sahne oder Milch vermischt wird. Bei diesem Rezept wird Crème fraîche statt Milch oder Sahne verwendet, was den süßen Erdbeeren eine leicht herbe Note verleiht. Ein Hauch frischer Zitronensaft bringt das Aroma der Beeren voll zur Geltung.

ERDBEER-CRÈME-FRAÎCHE-SORBET

450 g Erdbeeren, geputzt
2 EL Zucker
250 g Crème fraîche
120 ml Glukosesirup
2 TL frischer Zitronensaft
1 Prise Salz

ERGIBT ETWA 1 LITER

Erdbeeren und Zucker in einer Schüssel vermengen und die Beeren leicht mit einer Gabel zerdrücken. Mit einem Schneebesen Crème fraîche, Glukosesirup, Zitronensaft und Salz unterrühren und zugedeckt mindestens 2 Stunden oder bis zu 1 Tag im Kühlschrank sehr kalt werden lassen.

Die kalte Erdbeermasse in einer Eismaschine gemäß Angabe des Herstellers cremig rühren. In einen gefriergeeigneten Behälter füllen und direkt mit Backpapier abdecken. Fest verschlossen mindestens 2 Stunden oder bis zu 3 Tage im Tiefkühler fest werden lassen.

Kleine, süße Limetten dominieren dieses Sorbet, begleitet von einem Hauch saurer Sahne. Wenn keine echten Limetten zur Verfügung stehen, können auch sogenannte persische (gewöhnliche) Limetten verwendet werden. Da diese jedoch nicht so süß sind, sollten 2 EL Zucker hinzugefügt werden.

LIMETTEN-MILCHSORBET

170 g Zucker

Fein geriebene Schale von 6 Limetten

125 ml frischer Limettensaft (von etwa 12 Limetten)

375 ml Mischung aus halb Sahne, halb Milch

125 g saure Sahne

1 Prise Salz

ERGIBT ETWA 1 LITER

Zucker und 180 ml Wasser in einem Kochtopf bei mittlerer Temperatur unter gelegentlichem Umrühren etwa 5 Minuten erhitzen, bis sich der Zucker vollständig aufgelöst und zu einem Sirup eingedickt hat. Auf Zimmertemperatur abkühlen lassen.

Limettenschale, Limettensaft, Milch-Sahne-Mischung, saure Sahne, Salz und den abgekühlten Sirup in einer Schüssel verrühren. Zugedeckt mindestens 2 Stunden oder bis zu 1 Tag im Kühlschrank sehr kalt werden lassen.

Die kalte Masse in einer Eismaschine nach Angabe des Herstellers cremig rühren. In einen gefriergeeigneten Behälter füllen und direkt mit Backpapier abdecken. Fest verschlossen mindestens 2 Stunden oder bis zu 3 Tage im Tiefkühler fest werden lassen.

Dieses erfrischende Milchsorbet weckt Erinnerungen an Eis am Stiel aus Kindheitstagen und besticht durch seinen frischen Mandarinengeschmack. Statt Mandarinen kann man auch Satsumas oder Clementinen verwenden.

MANDARINEN-MILCHSORBET

AUCH ALS MANDARINEN-EISCREME-SODA

- 250 g Sahne
- 250 g Crème fraîche
- 120 ml Glukosesirup
- 125 g Zucker
- fein geriebene Schale von etwa 2 Bio-Mandarinen
- 500 ml frischer Mandarinensaft (von etwa 10 Mandarinen)
- 1 Prise Salz

ERGIBT ETWA 1 LITER

Schlagsahne, Crème fraîche, Glukosesirup, Zucker, Mandarinenschale, Mandarinensaft und Salz in einer Schüssel verrühren und zugedeckt mindestens 2 Stunden oder bis zu 1 Tag im Kühlschrank kalt stellen.

Die kalte Masse in einer Eismaschine gemäß Angabe des Herstellers cremig rühren. In einen gefriergeeigneten Behälter füllen, direkt mit Backpapier abdecken und fest verschlossen mindestens 2 Stunden oder bis zu 3 Tage im Tiefkühler fest werden lassen.

MANDARINEN-EISCREME-SODA

Ein paar Kugeln Sorbet in ein hohes Glas geben und mit 60ml eiskaltem Mandarinensoda auffüllen. Mit einem eisgekühlten Löffel servieren.

SORBETS und GRANITAS

Dieses herrlich erfrischende Sommersorbet fängt den vollen Geschmack reifer Melonen ein, egal ob man ein ganzes Potpourri süß-duftender Melonensorten verwendet oder nur eine Sorte. Noch frischer wird dieses Dessert, wenn man beim Pürieren der Melonen eine Handvoll frische Minzeblättchen hinzufügt.

MELONEN-SORBET

AUCH ALS FROZEN-POPS

170 g Zucker

600 g Fruchtfleisch einer reifen Melone (etwa 1 kleine Melone), gewürfelt

1 EL frisch gepresster Zitronensaft

1 Prise Salz

ERGIBT ETWA 1,5 LITER

Zucker und 180 ml Wasser in einem kleinen Kochtopf bei mittlerer Temperatur unter gelegentlichem Umrühren erhitzen, bis sich der Zucker vollständig aufgelöst und sirupartig eingedickt hat. Auf Zimmertemperatur abkühlen lassen.

Den abgekühlten Sirup im Standmixer oder in der Küchenmaschine mit Melonenfruchtfleisch, Zitronensaft und Salz zu einer sehr glatten Masse verarbeiten. In eine Schüssel füllen und zugedeckt mindestens 2 Stunden oder bis zu 1 Tag im Kühlschrank sehr kalt werden lassen.

Das kalte Melonenpüree in einer Eismaschine laut Angabe des Herstellers cremig-fest gefrieren lassen. In einen gefriergeeigneten Behälter füllen und direkt mit Backpapier abdecken. Fest verschlossen mindestens 2 Stunden oder bis zu 3 Tage im Eisfach fest werden lassen.

MELONEN-MEDLEY FROZEN-POPS

Drei Sorbets aus unterschiedlichen Melonensorten wie etwa Cantaloupe-, Honig- und Wassermelone zubereiten und schichtweise in Eisformen füllen. Mindestens 4 Stunden oder bis zu 3 Tage gefrieren lassen.

Dieses Sorbet ist ein wunderbarer Durstlöscher an einem heißen Sommertag und bringt vollreife Erdbeeren herrlich zur Geltung. Statt Minze eignen sich auch andere frische Kräuter wie Basilikum oder Zitronenmelisse.

ERDBEER-MINZ-SORBET

375 g Erdbeeren, geputzt und halbiert

155 g Zucker

2 EL frische Minzeblätter, klein zerpflückt oder grob gehackt

2 TL frisch gepresster Zitronensaft

1 Prise Salz

ERGIBT ETWA 1 LITER

Erdbeeren, Zucker und Minzeblätter in einer Schüssel vermischen. Zugedeckt bei Zimmertemperatur etwa 30 Minuten ziehen lassen, bis die Erdbeeren ihren Saft abgeben und sich der Zucker vollständig aufgelöst hat.

Das Erdbeerpüree mit Zitronensaft und Salz im Standmixer oder in der Küchenmaschine zu einer sehr glatten Masse verarbeiten. In eine Schüssel füllen und zugedeckt mindestens 2 Stunden oder bis zu 1 Tag im Kühlschrank sehr kalt werden lassen.

Das kalte Erdbeerpüree in einer Eismaschine laut Angabe des Herstellers cremig-fest gefrieren lassen. In einen gefriergeeigneten Behälter füllen und direkt mit Backpapier abdecken. Fest verschlossen mindestens 2 Stunden oder bis zu 3 Tage im Tiefkühler fest werden lassen.

Blutorangen sind nur wenige Wochen zu Winterende und Frühlingsbeginn erhältlich. Der purpurfarbene gepresste Saft sorgt für eine herrliche Granita. Mit einem Klecks Schlagsahne (Seite 70) als erfrischendes Dessert servieren.

BLUTORANGEN-GRANITA

fein geriebene Schale von 2 Bio-Blutorangen

170 g Zucker

430 ml frisch gepresster Blutorangensaft (von etwa 6 Blutorangen)

1 Prise Salz

3 EL Orangenlikör wie etwa Grand Marnier oder Curaçao

ERGIBT ETWA 1 LITER

Blutorangenschale, Zucker und 180ml Wasser in einem kleinen Kochtopf unter gelegentlichem Umrühren etwa 5 Minuten bei mittlerer Temperatur erhitzen, bis sich der Zucker vollständig aufgelöst und sirupartig eingedickt hat. Auf Zimmertemperatur abkühlen lassen.

Den abgekühlten Sirup in eine weite, flache Schale gießen, die leicht in den Tiefkühler passt. Blutorangensaft, Salz und Orangenlikör unterrühren.

Etwa 1 Stunde im Eisfach tiefkühlen, bis sich an den Rändern und an der Oberfläche eine dünne Eisschicht bildet. Mit einer Gabel zu feinen Eisflocken auflockern. Zurück in das Eisfach geben und weitere 2–3 Stunden tiefkühlen, dabei die Eiskristalle alle 30 Minuten mit einer Gabel auflockern. Die fertige Granita sollte feine, flockige Eiskristalle und die Konsistenz eines luftig-lockeren Sorbets haben.

Sollte die Granita zu fest gefrieren, aus dem Eisfach nehmen und bei Zimmertemperatur 10 Minuten antauen lassen. Mit einer Gabel auflockern, bis die Eiskristalle gleichmäßig groß sind, und wieder in den Tiefkühler geben. Die fertige Granita in einen gefriergeeigneten Behälter füllen und fest verschlossen bis zu 3 Tage tiefkühlen.

Bei diesem Sorbet unterstreicht das kräftig-würzige Aroma von frischem Ingwer die tropische Süße der Mango. Der perfekte Abschluss für ein asiatisch oder indisch angehauchtes Essen. Besonders hübsch als Dekoration sehen kandierte Ingwerstückchen aus.

MANGO-INGWER-SORBET

AUCH ALS MARGARITA-POPS

170 g Zucker

2 reife Mangos (etwa 900 g Gesamtgewicht)

1 EL frischer Ingwer, geschält und gerieben

2 EL frisch gepresster Limettensaft

1 Prise Salz

ERGIBT ETWA 1 LITER

Zucker und 180 ml Wasser in einem kleinen Kochtopf unter gelegentlichem Umrühren etwa 5 Minuten bei mittlerer Temperatur erhitzen, bis sich der Zucker vollständig aufgelöst und sirupartig eingedickt hat. Auf Zimmertemperatur abkühlen lassen.

Die Mangos schälen und in Würfel schneiden. Die Kerne entfernen. Das Fruchtfleisch in einem Standmixer oder in einer Küchenmaschine mit dem abgekühlten Sirup, Ingwer, Limettensaft und Salz zu einer sehr glatten Masse verarbeiten. In eine Schüssel füllen und zugedeckt mindestens 2 Stunden oder bis zu 1 Tag im Kühlschrank sehr kalt werden lassen.

Das kalte Mangopüree in einer Eismaschine laut Angabe des Herstellers cremig-fest gefrieren lassen. In einen gefriergeeigneten Behälter füllen und direkt mit Backpapier abdecken. Fest verschlossen mindestens 2 Stunden oder bis zu 3 Tage im Eisfach fest werden lassen.

MANGO-INGWER-SOFTEIS: Das Sorbet lässt sich im Nu zu Softeis abwandeln. Einfach vor dem Rühren in der Eismaschine 180 g Sahne unter das Mangopüree rühren.

MANGO-INGWER-MARGARITA-POPS

Das fertige Sorbet in Eisformen füllen und mindestens 4 Stunden oder bis zu 3 Tage im Tiefkühler fest werden lassen. Aus den Formen lösen, mit Limettensaft beträufeln und mit etwas Meersalz bestreuen.

Vietnamesischer Kaffee wird typischerweise mit gesüßter Kondensmilch auf Eis serviert. Hier wird der Kaffee selbst zu Eis gefroren, mit dicker, zuckriger Milch übergossen und mit einem Klecks Schlagsahne garniert. Das ideale Dessert nach einem asiatischen Essen.

VIETNAMESISCHE KAFFEE-GRANITA

750 ml frisch gebrühter heißer Kaffee

60 g Zucker

125 ml Kondensmilch (gesüßt)

Schlagsahne (siehe unten), zum Servieren (optional)

ERGIBT ETWA 1 LITER

Kaffee, Zucker und 375 ml Wasser in einer weiten, flachen Schale, die gut in den Tiefkühler passt, verrühren, bis sich der Zucker aufgelöst hat. Im Eisfach etwa 2 Stunden anfrieren lassen, bis sich an den Rändern und an der Oberseite eine dünne Eisschicht bildet.

Die Mischung mit einer Gabel zu feinen Eisflocken auflockern. Zurück in den Tiefkühler stellen und weitere 2–3 Stunden gefrieren lassen, dabei die Eiskristalle alle 30 Minuten mit einer Gabel auflockern. Die fertige Granita sollte aus fein-flockigen Eiskristallen bestehen und die Konsistenz eines luftigen Milchsorbets haben.

Wenn die Granita zu fest gefriert, aus dem Eisfach nehmen und 10 Minuten bei Zimmertemperatur antauen lassen, dann mit der Gabel auflockern, bis die Eiskristalle gleich groß sind und die Granita in den Tiefkühler zurückgeben. Die fertige Granita in einen gefriergeeigneten Behälter füllen und fest verschlossen bis zu 3 Tage tiefkühlen.

Vor dem Servieren die Kondensmilch auf 4 Serviergläser verteilen und die Granita in die Gläser füllen. Nach Belieben mit Schlagsahne garnieren.

SCHLAGSAHNE: 180 ml gut gekühlte Sahne, 2 EL Zucker und ½ TL Vanilleextrakt mit einem Handrührgerät auf höchster Stufe etwa 2 Minuten schlagen, bis sich sanfte Spitzen bilden. Zugedeckt bis zur weiteren Verwendung kalt stellen.

Säuerliche grüne Äpfel verleihen diesem Sorbet seinen frischen Geschmack. Wer es süßer mag, verwendet süßere Apfelsorten wie Fuji oder Jonagold und nur 1 TL Zitronensaft. Herber wird das Dessert mit starkem Apfelwein und mit Karamellsauce (Seite 90) als Garnitur.

APFEL-ZIMT-SORBET

625 ml klarer Apfelwein oder Apfelsaft

125 g Zucker

1 Zimtstange

2 Pimentkörner

2 Gewürznelken

1 Prise frisch geriebene Muskatnuss

5 grüne Äpfel wie Granny Smith (etwa 1 kg), entkernt und gewürfelt

1 EL frischer Zitronensaft

ERGIBT ETWA 1 LITER

Apfelwein, 125 ml Wasser, Zucker, Zimtstange, Pimentkörner, Gewürznelken und Muskatnuss in einem Kochtopf bei mittlerer Temperatur etwa 5 Minuten unter gelegentlichem Umrühren erhitzen, bis sich der Zucker vollständig aufgelöst und zu einem Sirup eingedickt hat. Vom Herd nehmen und durch ein feines Sieb über einer großen hitzebeständigen Schüssel streichen. Sofort die Äpfel hinzufügen und auf Zimmertemperatur abkühlen lassen. Die Äpfel werden in der heißen Flüssigkeit weich.

Die Apfel-Mischung in einem Standmixer oder in einer Küchenmaschine fein pürieren. Nach Belieben die Masse durch ein feines Sieb streichen, um die Schale der Apfelstücke zu entfernen. In eine Schüssel gießen, Zitronensaft hinzufügen und zugedeckt mindestens 2 Stunden oder bis zu 1 Tag im Kühlschrank kalt stellen.

Das kalte Apfelpüree in einer Eismaschine gemäß Angabe des Herstellers cremig rühren. Das fertige Sorbet in einen gefriergeeigneten Behälter füllen und direkt mit Backpapier abdecken. Fest verschlossen mindestens 2 Stunden bzw. bis zu 3 Tage im Eisfach fest werden lassen.

Guten Granatapfelsaft bekommt man heute fast in jedem Supermarkt. Sein leicht süßlicher, pfeffriger Geschmack, kombiniert mit einem Hauch Limette, garantiert ein Dessert der Extraklasse – egal ob garniert mit frischen Granatapfelkernen oder als Eislollis.

GRANATAPFEL-GRANITA

AUCH ALS EIS AM STIEL

170 g Zucker

750 ml reiner Granatapfelsaft

1 Prise Salz

1 EL frischer Limettensaft

ERGIBT ETWA 1 LITER

In einem kleinen Kochtopf Zucker und 125 ml Wasser bei mittlerer Temperatur unter gelegentlichem Umrühren erhitzen, bis sich der Zucker vollständig aufgelöst und sirupartig eingekocht hat. Auf Zimmertemperatur abkühlen lassen.

Den Sirup in eine Schüssel gießen und Granatapfelsaft, Salz und Limettensaft einrühren. Zugedeckt mindestens 2 Stunden bzw. bis zu 1 Tag im Kühlschrank sehr kalt werden lassen.

Die kalte Granatapfelmischung in eine weite, flache Schale geben, die gut in das Gefrierfach passt. Etwa 1 Stunde tiefkühlen, bis sich an den Rändern und an der Oberfläche eine dünne Eisschicht bildet. Die Mischung mit einer Gabel zu feinen Eisflocken auflockern, wieder zurück in den Tiefkühler geben und weitere 2–3 Stunden fest werden lassen; dabei die Eiskristalle alle 30 Minuten mit einer Gabel auflockern. Die fertige Granita sollte feine, flockige Eiskristalle und die Konsistenz eines luftig-lockeren Sorbets haben.

Sollte die Granita zu fest gefrieren, aus dem Tiefkühler nehmen und bei Zimmertemperatur 10 Minuten antauen lassen. Mit einer Gabel auflockern, bis die Eiskristalle gleichmäßig groß sind, und zurück in den Tiefkühler geben. Die fertige Granita in einen gefriergeeigneten Behälter füllen und fest verschlossen bis zu 3 Tage tiefkühlen.

GRANATAPFEL-EISLOLLIS

Alternativ kann man die Granatapfelmischung in Eisförmchen füllen und mindestens 4 Stunden bzw. bis zu 3 Tage fest gefrieren lassen.

ACME

Von diesem intensiv gelben, zitronigen Dessert kann man einfach nicht genug bekommen! Der Limoncello, ein Zitronenlikör aus Süditalien, verleiht diesem – auf den ersten Blick ganz gewöhnlichen – Zitronensorbet eine besonders ausgefallene Note.

LIMONCELLO-SORBET

375 g Zucker

fein geriebene Schale von 2 Bio-Zitronen

125 ml frischer Zitronensaft

1 Prise Salz

125 ml Limoncello

ERGIBT ETWA 1 LITER

Zucker und 500 ml Wasser in einem Kochtopf bei mittlerer Temperatur unter gelegentlichem Umrühren etwa 5 Minuten erhitzen, bis sich der Zucker vollständig aufgelöst und zu einem Sirup eingedickt hat. Auf Zimmertemperatur abkühlen lassen.

Den Sirup in eine Schüssel gießen und Zitronenschale, Zitronensaft, Salz und Limoncello einrühren. Zugedeckt mindestens 2 Stunden oder bis zu 1 Tag im Tiefkühler sehr kalt werden lassen.

Die kalte Zitronenmischung in einer Eismaschine gemäß Angabe des Herstellers cremig rühren. Das Sorbet in einen gefriergeeigneten Behälter füllen und direkt mit Backpapier abdecken. Fest verschlossen mindestens 2 Stunden oder bis zu 3 Tage im Eisfach fest werden lassen.

GEFÜLLTE ZITRONEN: Mit einem Gemüsemesser am Stielansatz von 8 Zitronen jeweils eine etwa 2 cm dicke Scheibe abschneiden. Die Öffnung sollte etwa 3 cm weit sein. Die Zitronen mit einem Teelöffel aushöhlen und den Saft in der Frucht auffangen. Das herausgeschabte Fruchtfleisch in einem feinen Sieb mithilfe eines Löffels auspressen. Den Saft entweder für das Sorbet (man benötigt 125 ml) oder anderweitig verwenden. Vom anderen Ende der Zitronen eine dünne Scheibe abschneiden, damit sie aufrecht stehen.

Die ausgehöhlten Zitronen auf ein mit Backpapier ausgelegtes Backblech legen und mindestens 20 Minuten im Tiefkühler kalt werden lassen. Die gekühlten Zitronenschälchen mit (etwa 125 ml) Sorbet füllen, dabei die Masse fest mit einem Teelöffel andrücken. Die fertigen Zitronen halten sich bis zu 1 Tag im Tiefkühler.

WAFFELN, COOKIES, SAUCEN und TOPPINGS

Die Zubereitung von Waffeltüten gelingt am einfachsten mit einem Hörnchenautomaten. Die Geräte sind günstig in der Anschaffung und besitzen meist eine Vorrichtung, mit der das Formen der Waffeln kinderleicht von der Hand geht.

WAFFELTÜTEN

UND WAFFELSCHÄLCHEN

2 Eier (Größe L)
90 g Feinkristallzucker
75 g brauner Zucker
4 EL Butter, zerlassen
1 Messerspitze Salz
2 TL Vanilleextrakt
125 g Mehl

ERGIBT ETWA 12 TÜTEN

Eier und beide Sorten Zucker in einer Schüssel etwa 1 Minute mit einem Schneebesen hell-schaumig schlagen. Die geschmolzene Butter, Salz, Vanille und Mehl sorgfältig untermischen. Zugedeckt mindestens 30 Minuten oder bis zu 3 Tage vor der Weiterverarbeitung kalt stellen.

Die Waffeln in einem Hörnchenautomaten nach Angabe des Herstellers zubereiten. Auf einem Kuchengitter vollständig auskühlen lassen. Sofort verzehren oder in einem luftdichten Behälter bis zu 3 Tage bei Zimmertemperatur aufbewahren.

WAFFELSCHÄLCHEN

Die Waffelschälchen ganz gleich wie die Waffeltüten herstellen, jedoch nur etwa die Hälfte der vom Hersteller angegebenen Teigmenge verwenden. Die fertige Waffelscheibe vorsichtig um die Außenseite einer umgedrehten Dessertschüssel drapieren und andrücken (die Seiten dürfen sich ruhig wölben). Auf der Form auskühlen lassen, bis die Waffel fest ist.

Glutenfreies Mehl gibt es mittlerweile fast in jedem Supermarkt. Am besten geeignet für dieses Rezept ist glutenfreies Mehl, das Mehl 1:1 ersetzen kann. Wer glutenfreies Mehl ohne Xanthan verwendet, fügt pro 155 g Mehl ¼ TL davon hinzu.

GLUTENFREIE WAFFELTÜTEN

MIT SCHOKOLADENRAND

2 Eier (Größe L)
90 g Feinkristallzucker
75 g brauner Zucker
4 EL Butter, zerlassen
1 Messerspitze Salz
2 TL Vanilleextrakt
125 g glutenfreies Mehl

ERGIBT ETWA 1 LITER

Eier und beide Sorten Zucker in einer Schüssel etwa 1 Minute mit einem Schneebesen hell-schaumig schlagen. Die geschmolzene Butter, Salz, Vanille und Mehl sorgfältig untermischen. Zugedeckt mindestens 30 Minuten oder bis zu 3 Tage vor der Weiterverarbeitung kalt stellen.

Die Waffeln in einem Hörnchenautomaten laut Angabe des Herstellers zubereiten. Auf einem Kuchengitter vollständig auskühlen lassen. Sofort verzehren oder in einem luftdichten Behälter bis zu 3 Tage bei Zimmertemperatur aufbewahren.

WAFFELN MIT SCHOKOLADENRAND

Ein Backblech mit Backpapier auslegen. Die fertigen Waffeln am Rand in warme, zerlassene Halbbitterschokolade tauchen und auf das Blech legen. Nach Belieben in gehackten, gerösteten Nüssen oder Streusel wenden. Vor dem Verzehr etwa 10 Minuten kalt stellen, bis die Schokolade fest ist.

Bei diesen Eistüten aus Crêpeteig müssen die Crêpes durch und durch goldgelb sein – nicht nur am Rand wie bei herkömmlichen Crêpes. So kann man sicher sein, dass die Waffeln nach dem Abkühlen wirklich schön knusprig sind. Die Crêpes sollten außerdem hauchdünn sein, da sie sonst möglicherweise zerfallen .

CRÊPES-TÜTEN

4 Eier (Größe L)

430 ml Vollmilch, oder nach Bedarf

60 g Mehl

2 EL Zucker

½ TL Salz

Etwa 4 EL Butter

ERGIBT ETWA 24 TÜTEN

Eier und Milch mit einem Schneebesen in einer großen Schüssel verrühren. Mehl, Zucker und Salz unter ständigem Rühren unterheben, damit keine Klumpen entstehen. Zugedeckt 2 Stunden kalt stellen. Vor der Weiterverarbeitung die Masse noch einmal kräftig durchrühren – sie sollte eine sahneähnliche Konsistenz haben. Gegebenenfalls mit etwas Milch verdünnen.

Etwa 1 TL Butter in einer kleinen beschichteten Pfanne (15 cm Durchmesser) oder Crêpepfanne bei mittlerer Temperatur erhitzen. Etwa eine Schöpfkelle unter kreisenden Schwenkbewegungen in die Pfanne gießen, sodass der ganze Pfannenboden dünn mit Teig überzogen ist. Etwa 30 Sekunden backen, bis die Crêpe in der Mitte Blasen wirft und die Ränder fest werden. Mit einer Zange wenden und etwa 20 Sekunden backen, bis auch die zweite Seite goldgelb ist. Die fertige Crêpe auf einem Teller auskühlen lassen. Die restlichen Crêpes auf dieselbe Weise zubereiten; dabei vor dem Herausbacken jeweils etwa 1 TL Butter in die Pfanne geben und die fertigen Crêpes jeweils mit einem Stück Backpapier dazwischen übereinander stapeln. (Die Crêpes können vor der Weiterverarbeitung zugedeckt bis zu 2 Tage im Kühlschrank aufbewahrt werden.)

Den Backofen auf 180 °C vorheizen.

Die Crêpes auf einem Backblech verteilen und etwa 12–15 Minuten im Ofen backen, bis sie am Rand knusprig und in der Mitte trocken sind. Aus dem Ofen nehmen und noch warm um eine Waffelform wickeln. Vollständig auskühlen lassen. Die Crêpe wird beim Auskühlen fest. Die übrigen Crêpes auf dieselbe Weise herstellen. Die Waffeln schmecken am besten ganz frisch zubereitet.

Es gibt kaum einen besseren Begleiter für leckeres Eis als selbst gemachte Schokocookies. Außerdem lassen sich daraus auch herrliche Eis-Sandwiches zaubern – egal, ob im Groß- oder Miniformat.

SCHOKOCOOKIES

215 g Mehl
½ TL Backpulver
½ TL Natron
½ TL Salz
125 g Butter, Zimmertemperatur
125 g Feinkristallzucker
105 g brauner Zucker
1 Ei (Größe L)
1 TL Vanilleextrakt
185 g zartherbe Schokoladendrops

ERGIBT ETWA 48 COOKIES

Den Backofen auf 180 °C vorheizen. Mehl, Backpulver, Natron und Salz in einer Schüssel vermischen und zur Seite stellen.

Mit einem Handrührgerät auf höchster Stufe die Butter schaumig-hell schlagen. Beide Zuckerarten hinzufügen und etwa 1 Minute weiterrühren. Ei und Vanille dazugeben und auf niedriger Stufe weiterrühren, bis die Masse gut vermischt ist.

Die Mehlmischung unter die Butter-Zucker-Mischung heben und kurz auf niedriger Stufe verrühren. Die Schokoladendrops mit einem Holzkochlöffel untermengen.

Jeweils etwa einen Esslöffel der Masse kreisförmig im Abstand von etwa 5 cm auf zwei mit Backpapier ausgelegte Backbleche setzen.

Die Cookies im Backofen etwa 12 Minuten backen, bis sie im Rand und in der Mitte goldgelb sind. Aus dem Herd nehmen und etwa 5 Minuten auf dem Backblech auskühlen lassen. Dann die Cookies auf ein Kuchengitter geben und vollständig auskühlen lassen.

Sofort servieren oder in einem luftdichten Behälter bei Zimmertemperatur bis zu 5 Tage aufbewahren.

Diese weichen, saftigen Brownies schmecken so wunderbar intensiv nach Schokolade, weil der Teig zerlassene Schokolade und auch Schokoladendrops enthält. Statt Schokoladendrops aus Zartbitterschokolade eigenen sich auch andere Drops oder zerkleinerte Bonbons. Die Brownies sind besonders lecker mit Eiscreme, Softeis oder Frozen Yogurt.

SAFTIGE BROWNIES

125 g Butter, in 4 Stücke geteilt

90 g ungesüßte Schokolade, fein gehackt

22 5 g Zucker

1 Prise Salz

2 Eier (Größe L), Zimmertemperatur

1 TL Vanilleextrakt

90 g Kuchenmehl

140 g zartherbe Schokoladendrops

ERGIBT 16 BROWNIES

Den Backofen auf 180 °C vorheizen. Eine quadratische Backform (20 x 20 cm) leicht ausbuttern.

Butter und gehackte Schokolade in einer hitzebeständigen Schüssel vermischen und über einem Wasserbad unter gelegentlichem Umrühren etwa 4 Minuten schmelzen lassen. Die Schüssel von der Hitzequelle entfernen und Zucker und Salz gut mit einem Holzkochlöffel unterrühren. Eier und Vanille hinzufügen und gründlich verrühren. Das Mehl über die Mischung sieben und unterheben. Zuletzt die Schokoladendrops untermengen.

Den Teig in die vorbereitete Backform füllen und sorgfältig mit einer Teigspachtel glatt streichen. Im Backofen etwa 35 Minuten backen. Zur Probe mit einem Holzstäbchen in den Teig stechen. Es sollen noch einige feuchte Brösel daran haften bleiben. Die Brownies aus dem Herd nehmen und in der Backform vollständig auskühlen lassen.

Vor dem Servieren in 16 kleine Quadrate schneiden und mit einer Kuchenpalette aus der Form heben.

Mit diesen herrlich bunten Cookies, die von der Konsistenz her ein bisschen an Kuchen erinnern, lassen sich fantastische Eiscreme-Sandwiches zaubern. Mit den Streuseln im Teig wirken die Cookies wunderbar festlich.

KONFETTI-COOKIES

235 g Mehl
1 Prise Backpulver
1 Prise Natron
1 Prise Salz
6 EL Butter, Zimmertemperatur
60 g Pflanzenfett zum Backen
125 g Zucker plus 2 EL
1 großes Ei plus 1 großes Eigelb
1½ TL Vanilleextrakt
2 EL Sahne
80 g bunte Streusel, selbst gemacht (Seite 96) oder Fertigprodukt

ERGIBT ETWA 12 COOKIES

Den Backofen auf 180 °C vorheizen. Mehl, Backpulver, Natron und Salz in einer Schüssel vermischen und zur Seite stellen.

Butter, Pflanzenfett und Zucker mit einem Handrührgerät auf höchster Stufe etwa 3 Minuten schaumig rühren. Ei, Eigelb und Vanille dazugeben und auf niedriger Stufe gründlich untermischen.

Die Mehlmischung in die Butter-Zucker-Mischung geben und kurz auf niedriger Stufe verrühren, dann die Sahne unterheben. Die Streusel mit einem Holzkochlöffel untermengen.

Jeweils einen Esslöffel der Masse kreisförmig im Abstand von etwa 5 cm auf 2 mit Backpapier ausgelegte Backbleche setzen.

Die Cookies etwa 12 Minuten backen, bis sie am Rand und in der Mitte goldgelb sind. Aus dem Herd nehmen und etwa 5 Minuten auf dem Kuchenblech auskühlen lassen. Dann die Cookies auf ein Kuchengitter geben und vollständig auskühlen lassen.

Sofort servieren oder in einem luftdichten Behälter bei Zimmertemperatur bis zu 5 Tage aufbewahren.

Diese hauchdünnen Hippen sind ein herrlich knuspriger Begleiter zu Eiscreme oder jedem anderen Eisdessert. Aus zwei Hippen kann man ein Eis-Sandwich machen oder eine Hippe als Grundlage für eine Eiskomposition verwenden. Derselbe Teig eignet sich auch für die Zubereitung von köstlichen Hippen-Schälchen (siehe unten).

HIPPEN

4 EL Butter
60 ml Glukosesirup
60 g Zucker
45 g Mehl
1 Prise Salz

ERGIBT ETWA 12 HIPPEN

Den Backofen auf 180 °C vorheizen. 3 große Backbleche mit Backpapier auslegen.

Butter, Glukosesirup und Zucker in einem kleinen Kochtopf unter gelegentlichem Umrühren bei mittlerer Temperatur erhitzen, bis sich der Zucker aufgelöst hat. Vom Herd nehmen und Mehl und Salz untermengen. Etwa 30 Minuten vollständig auskühlen lassen.

Mit einer Schöpfkelle jeweils einen Löffel der Masse kreisförmig auf das Backblech streichen. Auf einem Backblech sollten vier Kreise Platz haben. Die Hippen im Backofen portionsweise etwa 10 Minuten goldgelb backen. Aus dem Ofen nehmen und 1–2 Minuten auskühlen lassen, bis die Ränder getrocknet sind. Mit einer Kuchenpalette auf ein Kuchengitter heben und vollständig auskühlen lassen.

Sofort servieren oder vorsichtig in einen luftdichten Behälter geben und bei Zimmertemperatur bis zu 3 Tage aufbewahren.

HIPPEN-SCHÄLCHEN: Die fertig gebackenen Hippen aus dem Ofen nehmen und sofort mit einer kleinen Kuchenpalette vom Backblech heben. Die Kreise vorsichtig in die Vertiefungen eines Muffinblechs drücken und in der Form auf Zimmertemperatur auskühlen lassen. Vorsichtig aus den Mulden lösen.

Eine großartige Fruchtsauce für den Sommer, wenn Erdbeeren Saison haben. Die Früchte werden zuerst fein püriert und zum Schluss mit fein gehackten Erdbeeren vermischt. So entsteht eine Sauce, die jedes gefrorene Dessert zart umhüllt, aber trotzdem ein wenig Biss hat.

ERDBEER-TOPPING

500 g Erdbeeren, geputzt und grob gehackt

90 g Zucker

1 TL frischer Zitronensaft

ERGIBT ETWA 750 ML

Erdbeeren, Zucker und Zitronensaft in einer Schüssel vermischen. Etwa 60 g der marinierten Erdbeeren zur Seite stellen, den Rest mit dem Stabmixer fein pürieren. Danach die restlichen Erdbeerstückchen unterheben. Sofort verwenden oder zugedeckt bis zu 3 Tage im Kühlschrank aufbewahren.

Eiscreme übergossen mit warmer, zähflüssiger Schokoladensauce – das ist reiner Eisgenuss! Und erst recht mit dieser reichhaltigen Sauce, die nach Schokolade pur schmeckt.

SCHOKOSAUCE

160 g Sahne

125 ml Glukosesirup

2 EL brauner Zucker

150 g Bitterschokolade, grob gehackt

1 Prise Salz

1 TL Vanilleextrakt

ERGIBT ETWA 500 ML

Sahne, Glukosesirup und braunen Zucker in einem kleinen, schweren Kochtopf unter gelegentlichem Umrühren bei mittlerer Temperatur etwa 5 Minuten erhitzen, bis sich der Zucker aufgelöst hat.

Schokolade und Salz in einer hitzebeständigen Schüssel vermischen. Die heiße Sahnemischung über die Schokolade gießen und mit einer Silikonspachtel glatt rühren, bis die Schokolade geschmolzen ist. Vanille dazugeben.

Sofort verwenden oder auskühlen lassen und zugedeckt bis zu 6 Tage im Kühlschrank aufbewahren. Bei niedriger Temperatur aufwärmen (bei Bedarf mit etwas Sahne verdünnen).

Diese seidig weiche, buttrige Karamellsauce krönt praktisch jedes Eisdessert. Alternativ kann man die Sauce auch kurz vor Ende des Rührvorgangs in der Eismaschine unter die Vanille- oder Schokoladeneiscreme mischen.

KARAMELLSAUCE

MIT SALZIGER VARIANTE

375 g Zucker
310 g Sahne
1 Prise Salz

ERGIBT ETWA 625 ML.

In einem schweren, hohen Kochtopf den Zucker bei mittlerer Temperatur etwa 5 Minuten erhitzen, bis er zu schmelzen beginnt. Noch 3 Minuten weiterkochen lassen; dabei mit einem Holzkochlöffel umrühren, bis sich der Zucker vollständig aufgelöst hat und goldgelb ist.

Die Sahne vorsichtig ohne Absetzen am Topfrand entlang in den Topf gießen (Spritzgefahr!) und dabei weiterrühren, bis eine glatte Sauce entsteht. Salzen. Die Sauce in eine kleine hitzebeständige Schüssel füllen und vollständig auskühlen lassen.

Sofort verwenden oder zugedeckt bis zu 1 Woche im Kühlschrank aufbewahren.
Vor dem Servieren auf Zimmertemperatur bringen.

SALZIGE KARAMELLSAUCE

Die Prise Salz weglassen und nach dem Hinzufügen der Sahne 125 g Butter und 1 TL grobes Meersalz einrühren.
Die Karamellsauce in eine kleine hitzebeständige Schüssel gießen und vollständig auskühlen lassen.

Dieses süße, luftige Topping lässt bestimmt niemanden kalt. Für ein wunderbares Marshmallow-Schokodessert das Topping auf Schokoladeneis (Seite 27) verteilen und mit gehackten Nüssen bestreuen. Wer es ganz dekadent mag, verfeinert das Topping noch zusätzlich mit Schokosauce (Seite 89).

MARSHMALLOW-TOPPING

AUCH FLAMBIERT

2 große Eiweiß
50 g Mini-Marshmallows
225 g Zucker

60 ml Glukosesirup
½ TL Weinstein
1 Prise Salz
1 TL Vanilleextrakt

ERGIBT ETWA 1,25 L, AUSREICHEND FÜR 8 BIS 10 EISTÜTEN

In einer großen, sauberen, hitzebeständigen Schüssel Eiweiße, Marshmallows, Zucker, Glukosesirup, Weinstein, Salz und 6 EL Wasser vermischen. Über einem Wasserbad etwa 3 Minuten unter ständigem Rühren erhitzen, bis sich der Zucker und die Marshmallows vollständig aufgelöst haben und die Mischung sehr warm ist (etwa 70 °C auf dem Thermometer). Die Schüssel aus dem Wasserbad nehmen.

Die Masse mit einem Handrührgerät etwa 2 Minuten auf mittlerer Stufe schlagen, bis sich weiche Spitzen bilden. Den Mixer auf niedrige Stufe stellen und die Vanille unterrühren. Sofort weiterverarbeiten.

FLAMBIERTES MARSHMALLOW-TOPPING

Etwa 80 ml Marshmallow-Topping mit einer kleinen Palette vorsichtig mit kreisenden Bewegungen in Form einer Acht auf der in Eistüten portionierten Eiscreme verteilen und mit einem Flambiergerät goldgelb bräunen.

Für dieses knusprige, süß-pikante Topping werden Kürbiskerne mit Gewürzen, Zucker und Honig geröstet. Wer mag, kann die Kerne auch direkt unter Eiscreme, Frozen Yogurt oder Milchsorbet mischen.

WÜRZIGE KÜRBISKERNE

250 g Kürbiskerne
3 EL Zucker
1 EL Honig
2 TL gemahlener Zimt
1 TL gemahlener Ingwer
½ TL gemahlener Piment
1 Prise frisch geriebene Muskatnuss
½ TL frisch gemahlener schwarzer Pfeffer
1 Prise Salz
2 EL Butter, in Stückchen geschnitten

ERGIBT ETWA 250 G

Den Backofen auf 180 °C vorheizen. Kürbiskerne, Zucker, Honig, Zimt, Ingwer, Piment, Muskatnuss, Pfeffer und Salz in einer Schüssel vermischen und gleichmäßig auf einem Backblech verteilen. Die Butterflöckchen darüber streuen und vorsichtig vermengen.

Die Mischung im Backofen 10–12 Minuten bräunen, dabei mehrmals wenden. Wer die Kerne dunkler mag, röstet sie 2–3 Minuten länger.

Auf einem sauberen Backblech vollständig auskühlen lassen. Sofort verwenden oder in einem luftdichten Behälter bei Zimmertemperatur bis zu 3 Tage aufbewahren.

Mit einer Handvoll dieser würzigen Kirschen und etwas Weinbrandsirup als Garnitur wird jeder Eisbecher zum Dessertklassiker. Die eingelegten Kirschen entfalten erst mit der Zeit ihr volles Aroma. Für ein Dessert à la Schwarzwälderkirsch einfach ein paar Stück davon unter Schokoeiscreme (Seite 27) heben.

WEINBRANDKIRSCHEN

125 g Feinkristallzucker

60 g brauner Zucker

Schale von 1 Bio-Zitrone, in dünne Streifen geschnitten

1 Vanilleschote, längs halbiert, Fruchtmark herausgeschabt

4 Pimentkörner

1 Prise Salz

450 g frische oder tiefgekühlte Süßkirschen, Stiele und Kerne entfernt

125 ml Weinbrand

1 TL Vanilleextrakt

ERGIBT ETWA 500 G

Beide Zuckerarten, Zitronenschale, Vanilleschote, Vanillemark, Pimentkörner, Salz und 180 ml Wasser in einen Kochtopf geben und bei mittlerer Temperatur unter gelegentlichem Umrühren etwa 5 Minuten erhitzen, bis sich der Zucker vollständig aufgelöst und sirupartig eingekocht hat. Vom Herd nehmen, Kirschen, Weinbrand und Vanille hinzufügen und auskühlen lassen.

In ein Einweckglas füllen und vor dem Servieren fest verschlossen mindestens 3 Tage kalt stellen. Die Kirschen sind gekühlt bis zu 6 Monate haltbar.

Diese Nüsse verleihen jedem Eisbecher eine herrlich knusprige und fein salzige Note. Als Alternative zu den Walnüssen eignen sich Cashewnüsse, Mandeln, Pistazien oder eine Nussmischung.

GEBRANNTE NÜSSE

250 g Walnusshälften

3 EL Zucker

1 Prise Salz

2½ EL Butter, in Stückchen geschnitten

ERGIBT ETWA 250 G

Den Backofen auf 180 °C vorheizen. Nüsse, Zucker und Salz in einer Schüssel vermengen und die Mischung gleichmäßig auf einem Backblech verteilen. Die Butterflöckchen vorsichtig unterheben.

Die Nüsse 10–12 Minuten hellbraun rösten, dabei öfter wenden. Wer sie dunkler und knuspriger mag, lässt sie 2–3 Minuten länger im Ofen.

Auf einem sauberen Backblech vollständig auskühlen lassen. Sofort verwenden oder in einem luftdichten Behälter bis zu 3 Tage bei Zimmertemperatur aufbewahren.

Für selbst gemachte Streusel muss man nur eine ganz normale Eiweißspritzglasur (wie man sie zum Dekorieren von Cookies verwendet) zubereiten, in dünnen Streifen aufspritzen und trocknen lassen. Zum Färben ist Lebensmittelpaste besser geeignet als flüssige Farbe, da die Farben intensiver sind und die Glasur nicht so stark verdünnt wird.

ZUCKERSTREUSEL SELBST GEMACHT

250 g Puderzucker, gesiebt

1½ EL Baiserpulver

¼ TL Vanille- oder Mandelextrakt (optional)

Lebensmittelfarbe, vorzugsweise als Paste, in Farbe(n) nach Wahl (optional)

ERGIBT ETWA 80 G, AUSREICHEND FÜR ETWA 12 EISBECHER

Zwei Backbleche mit Backpapier auslegen.

Zucker, Baiserpulver, 3 EL warmes Wasser und nach Belieben Vanille- oder Mandelextrakt in eine Schüssel geben und mit einem Handrührgerät 7–8 Minuten auf mittlerer Stufe zu einer luftigen aber kompakten Masse schlagen.

Für bunte Streusel die Masse auf entsprechend viele kleine Schüsseln aufteilen. Einen Zahnstocher in die Farbpaste drehen und dann in der Glasur glatt rühren, bis ein gleichmäßiger Farbton entsteht. Für eine intensivere Farbe nach und nach mehr Gel hinzufügen. Wer flüssige Farbe verwendet, rührt 1 oder 2 Tropfen sorgfältig unter die Mischung. Je nach gewünschtem Farbton weitere Tropfen dazugeben.

Um zu testen, ob die Glasur spritzfähig ist, einen Löffel abnehmen und zurück in die Schüssel träufeln. Die Masse sollte dabei als Streifen auf der Oberfläche sichtbar bleiben. Zum Verdünnen der Glasur mit einer Teigspachtel nach und nach ein paar Tropfen warmes Wasser einrühren.

Die Glasur in einen Spritzbeutel mit einer glatten Tülle (3 mm) füllen und gerade Linien auf die Backbleche spritzen. Etwa 24 Stunden bei Zimmertemperatur trocknen lassen. Die Streifen mit einem Messer in Stückchen in der gewünschten Länge hacken. Sofort verwenden oder in einem luftdichten Behälter bei Zimmertemperatur bis zu 1 Woche aufbewahren.

EISBECHER

Dank ihrer Vielseitigkeit sind Eisdesserts das perfekte Party-Food. Man nehme sein Lieblingseis, verfeinere es nach Lust und Laune mit einem Topping und schon hat man eine süße Köstlichkeit, die bei allen Gästen für Furore sorgt. Leckere Eisbecher, ob zwischen zwei Bananenhälften, in einer Waffelschüssel oder auf einem saftigen Brownie serviert, lassen das Herz von Jung und Alt höher schlagen und sind der ideale Nachtisch für jede Gelegenheit, egal ob für einen Kindernachmittag, ein Geburtstagsfest oder eine Cocktail-Party. Hier ein paar Tipps und Anregungen für ein tolles Eis-Buffet. Und für die wahren Puristen: Schlagsahne und Kirschen nicht vergessen!

So wird's gemacht

BROWNIES, COOKIES ODER WAFFELN + **LIEBLINGSEIS** + **TOPPINGS**

1 PFIRSICH-SAHNE-EISBECHER
Waffelschälchen (Seite 78) + Honig-Mohn-Frozen Yogurt (Seite 55) + Pfirsichspalten + Schlagsahne (Seite 70)

2 ERDBEERBECHER MODERN

Saftige Brownies (Seite 85) + Erdbeereis mit Balsamico-Erdbeeren (Seite 23) + Weinbrandkirschen (Seite 95)

3 KARAMELL-CRÊPES

Crêpes (Seite 83) frisch aus der Pfanne, garniert mit Dulce de leche Frozen Yogurt (Seite 57) + Salziger Karamellsauce (Seite 90)

4 EISBECHER KLASSISCH-VERSPIELT

Hippen-Schälchen (Seite 88) + Vanilleeis (Seite 26) + selbst gemachte Streusel (Seite 96)

5 DER ULTIMATIVE EISBECHER

Saftige Brownies (Seite 85) + Vollmundiges Schokoladeneis (Seite 27) + Salzige Karamellsauce (Seite 90) + Marshmallow-Topping (Seite 93) + Gebrannte Nüsse (Seite 95)

FROZEN POPS & EIS-SANDWICHES

Selbst gemachte Eiscreme-Sandwiches sind kinderleicht herzustellen: Eiscreme großzügig zwischen zwei frisch gebackene Cookies streichen und die Ränder in Zuckerstreuseln oder Nüssen wenden. Wer mag, taucht eine Sandwichhälfte in zerlassene Schokolade. All das sorgt für noch mehr Aroma und Biss. Dasselbe gilt für Frozen Pops: Milchsorbets, Frozen Yogurt oder Granita in Eis-am-Stiel-Förmchen füllen und nach dem Durchfrieren nach Lust und Laune garnieren!

So wird's gemacht

EIS, SORBET, FROZEN YOGURT + **COOKIES ODER EISFORMEN** + **STREUSEL & SAUCEN**

1 SCHWARZ & WEISS

1 Kugel Vanilleeis (Seite 26) zwischen 2 Schokocookies (Seite 84) streichen; eine Sandwichhälfte in Karamellsauce (Seite 89) tauchen + in zerriebenen Gebrannten Nüssen wälzen (Seite 95)

2 CELEBRATION-SANDWICH

1 Kugel Weißes Schokoeis mit Brezeln (Seite 47) zwischen 2 Konfetti-Cookies (Seite 86) streichen; die Ränder in selbst gemachten Streuseln (Seite 96) wälzen

3 BANANENSPLIT EINMAL NEU

1 Saftigen Brownie (Seite 85) mit Walnuss-Bananen-Frozen-Yogurt (Seite 54) + Erdbeer-Topping (Seite 89) + Schlagsahne (Seite 70) garnieren

4 ERDBEER-POPS

Die Frozen Pops aus Erdbeer-Créme-fraîche-Sorbet (Seite 58) aus den Förmchen lösen, indem man sie kurz unter warmes Wasser hält; in zerstoßenen Salzmandeln+ Kokosraspeln wälzen und vor dem Servieren 10 Minuten in den Tiefkühler geben

5 LIMETTEN-POPS

Die Limetten-Pops (Seite 59) aus den Formen lösen, in frischen Limettensaft tauchen + in zerbröselten Butterkeksen wälzen und vor dem Servieren 10 Minuten in den Tiefkühler geben

EISCREME-SODA

Mit dieser Formel gelingt das perfekte Eiscreme-Soda: große Kugeln Eiscreme mit spritzigem Soda oder anderen kohlensäurehaltigen Getränken, Kaffee, Sekt oder Bier aufgießen und nach Lust und Laune süß oder pikant verfeinern. Überraschen Sie Ihre Gäste doch mit ungewöhnlichen Kombinationen wie Espresso-Eis und Starkbier. Lassen Sie sich von den folgenden Ideen inspirieren oder lassen Sie Ihre Gäste selbst zur Tat schreiten! Für 300 ml Flüssigkeit reichen etwa 2 Kugeln Eiscreme. Mit langen Löffeln oder Strohhalmen servieren!

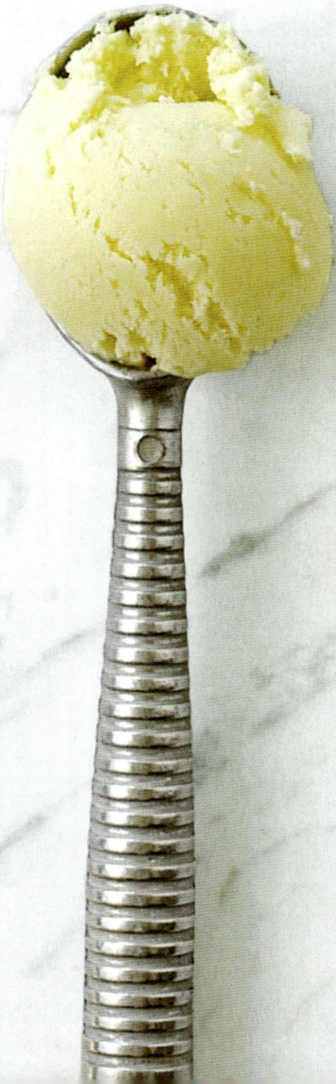

So wird's gemacht

EISDESSERT NACH BELIEBEN + **GETRÄNK MIT KOHLENSÄURE** + **SÜSSE SAUCEN & GARNITUR**

1 **WURZELBIER-EISCREME-SODA**
Wurzelbier + Vanilleeis (Seite 26); mit Schlagsahne garnieren (Seite 70)

2 HAPPY-HOUR-EISCREME-SODA

Den Rand eines Bierglases befeuchten und in gehackte Gebrannte Nüsse (Seite 95) tauchen; mit Espresso-Eis (Seite 20) + Starkbier auffüllen

3 KAFFEEPAUSE

Eisgekühlter Kaffee + Espresso-Eis (Seite 20); mit Schokosauce (Seite 89) garnieren

4 HIPPES SCHOKO-EISCREME-SODA

Selters + Vollmundiges Schokoladeneis (Seite 27) + etwas Milch und Sahne + Schokosauce (Seite 89); mit Schlagsahne (Seite 70) + Weinbrandkirschen (Seite 95) garnieren

5 FEUCHTFRÖHLICHES ZITRUS-EISCREME-SODA

Blutorangen-Granita (Seite 67) + Sekt + Schale von 1 Bio-Orange

EIS-SHAKES

Schaumig und sämig, süß und cremig, geschmeidig und üppig – einem richtig guten Milchshake kann fast niemand widerstehen. Und man braucht dazu kaum mehr als drei Zutaten, die man kurz mit dem Standmixer oder Pürierstab verquirlt. Verfeinert mit selbst gemachtem Eis, Sirupen und Garnituren kann man aus Milch, Tee und anderen Getränken völlig neue Kreationen zaubern. Nichts wie ran an den Mixer! Noch ein paar hohe Gläser und dekorative Strohhalme und die Party kann beginnen! Pro Milchshake 2 Kugeln Eis und und etwa 300 ml Flüssigkeit verwenden.

So wird's gemacht

EISDESSERT NACH WUNSCH + **KALTES GETRÄNK** + **SIRUPE & GARNITUREN**

1 AFTER-SCHOOL-SPECIAL

Vollmilch +Erdnussbuttereis (Seite 38) mixen; mit Schlagsahne (Seite 70) + 1 Hippe (Seite 88) garnieren

2 ORANGEN-SAHNE-SHAKE

Vollmilch + 1 Kugel Vanilleeis (Seite 26) + 1 Kugel Orangen-Kardamom- Eis (Seite 36) verrühren; mit Orangenschale garnieren

3 MATCHA-SCHOKOLADEN-SHAKE

Eisgekühlten Grünen Tee + Matcha-Eis mit Schokospänen (Seite 40) + Schokosauce (Seite 89) verrühren

4 KOKOS-SHAKE

Kokosmilch + Schokolade-Kokos-Softeis (Seite 43) + einen zerbröselten Saftigen Brownie (Seite 85) verrühren

5 DOPPELTER APFEL-SHAKE

Apfelwein +Apfel-Zimt-Sorbet (Seite 71) + Karamellsauce (Seite 90) verrühren; mit Apfelspalten garnieren

6 WEISSER SCHOKOLADEN-SHAKE

Vollmilch + Weißes Schokoladen-Softeis (Seite 47) + zerbröselte Konfetti-Cookies (Seite 86) verrühren

REGISTER

1. Auflage

Die englischsprachige Originalausgabe erschien 2014 unter dem Titel „The Ice Creamery Cookbook" bei Weldon Owen Inc., einer Division von Bonnier Corp.

Photographer: Erin Kunkel

Redaktionsleitung: Silke Kirsch
Projektleitung: Joana Lück
Korrektorat: Print Company Verlagsgesellschaft m.b.H.
Layout & Satz: Print Company Verlagsgesellschaft m.b.H.
Übersetzung: Veronika Knesl
Umschlaggestaltung: Eva Salzgeber
Druck und Bindung: Mohn Media Mohndruck GmbH, Gütersloh
Printed in Germany

Verlagsgruppe Random House FSC® N001967

MIX
Papier aus verantwortungsvollen Quellen
FSC® C011124

ISBN 978-3-517-09531-8

DANKSAGUNG

Weldon Owen dankt folgenden Personen für die Unterstützung bei der Herstellung dieses Buchs:
David Bornfriend, Alicia Deal, Elizabeth Parson und Sharon Silva